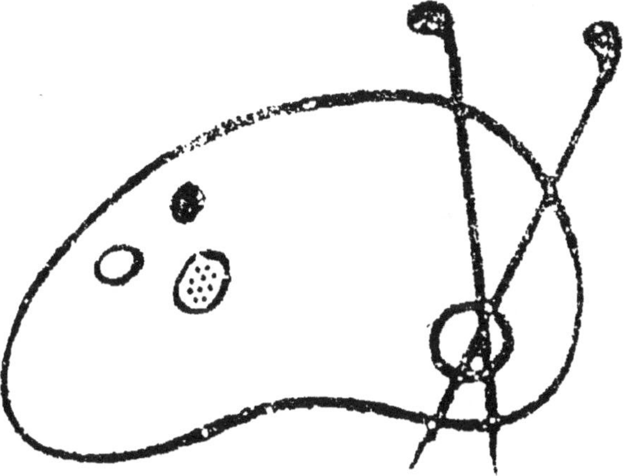

Début d'une série de documents
en couleur

COLLECTION MICHEL LÉVY
— 1 franc 25 cent. le Volume —
PAR LA POSTE, 1 FR. 50 CENT.

V^{TE} PONSON DU TERRAIL

LE SERMENT DES HOMMES ROUGES

AVENTURES D'UN ENFANT DE PARIS

II

PARIS
CALMANN LÉVY, ÉDITEUR
ANCIENNE MAISON MICHEL LÉVY FRÈRES
RUE AUBER, 3, ET BOULEVARD DES ITALIENS, 15
A LA LIBRAIRIE NOUVELLE

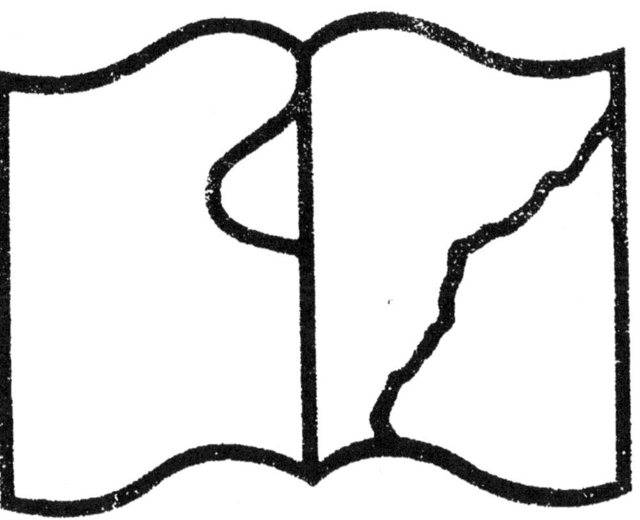

Texte détérioré — reliure défectueuse

NF Z 43-120-11

COLLECTION MICHEL LÉVY, 1 fr. 25 c le volume (Extrait du Catalogue)

E. Renan.
Jésus
P.-M. Revoil.
Le Docteur américain.
Harems du Nouv.-Monde.
Régina Roche.
Chapelle du vieux château.
A. Rolland.
Martyrs du foyer.
J. Rousseau.
Paris dansant
J. de St-Félix.
Le Gant de Diane.
Mademoiselle Rosalinde.
Scènes de la vie de gentilh.
G. Sand.
Adriani.
Amours de l'âge d'or.
Beaux M. M. de Bois-Doré.
Château des Désertes.
Comp. du tour de France.
Comtesse de Rudolstadt.
Consuelo.
Les Dames vertes.
La Daniella.
Le Diable aux champs.
La Filleule.
Flavie.
Histoire de ma vie.
L'Homme de neige.
Horace.
Isidora.
Jeanne.
Lélia.
Lucrezia. — Floriani.
Meunier d'Angibault.
Narcisse.
Pauline.
Le Péché de M. Antoine.
Le Piccinino.
Prom. autour d'un village.
Le Secrétaire intime.
Simon.
Teverino.
J. Sandeau.
Catherine.
Le Jour sans lendemain.
Mlle de Kerouare.
Sacs et parchemins.
V. Sardou.
La Perle Noire.
E. Scribe.
Théâtre.
Comédies-Vaudevilles.
Opéras.
M. Souvestre.
Paul Ferroll.
Stauben.
Scèn. de la vie juive en Als.

F. Soulié.
Au jour le jour.
Avent. de Saturnin Fichet.
Le Bananier. — Eulalie Pontois.
Château des Pyrénées.
Comte de Foix.
Comte de Toulouse.
Comtesse de Monrion.
Confession générale.
Le Conseiller d'Etat.
Contes et récits de ma grand'mère.
Contes pour les enfants.
Deux cadavres.
Drames inconnus.
Maison n° 3 de la rue de Pr.
Etudes de la Vie sociale.
Avent. d'un cadet de fam.
Am. de Victor Bonsenne.
Olivier Duhamel.
Un Eté à Meudon.
Les Forgerons.
Huit jours au Château.
Le Lion amoureux.
La Lionne.
Le Magnétiseur.
Le Maître d'école. — Diane et Louise.
Un malheur complet.
Marguerite.
Mémoires du diable.
Port de Créteil.
Les Prétendus.
Quatre époques.
Quatre Napolitaines.
Quatre sœurs.
Rêve d'Amour. — La Chambrière.
Sathaniel.
Si jeunesse savait, si vieillesse pouvait.
Vicomte de Béziers.
Stendhal.
De l'amour.
Chartreuse de Parme.
Chroniques et Nouvelles.
Promenades dans Rome.
Le Rouge et le Noir.
D. Stern.
Nélida.
Sterne.
Voyage sentimental.
Mme Surville.
Balzac, sa vie et ses œuvr.
W. Thackeray.
Les Mémoires d'un valet de pied.

E. Souvestre.
Anges du foyer.
Au bord du lac.
Au bout du monde.
Au coin du feu.
Causeries hist. et littér.
Chroniques de la mer.
Les Clairières.
Confession d'un ouvrier.
Contes et nouvelles.
Dans la prairie.
Derniers Bretons.
Derniers paysans.
Deux misères.
Drames parisiens.
L'Echelle de femmes.
En Bretagne.
En famille.
En quarantaine.
Foyer breton.
La Goutte d'eau.
Histoires d'autrefois.
L'Homme et l'Argent.
Loin du pays.
Lune de miel.
Maison rouge.
Mari de la fermière.
Mât de cocagne.
Mémorial de famille.
Mendiant de Saint-Roch.
Le Monde tel qu'il sera.
Le Pasteur d'hommes.
Péchés de jeunesse.
Pendant la moisson.
Philosophe sous les toits.
Pierre et Jean.
Promenades matinales.
Récits et souvenirs.
Les Réprouvés et les Elus.
Riche et pauvre.
Roi du monde.
Scènes de la chouannerie.
Scènes de la vie intime.
Scènes et récits des Alpes.
Soirées de Meudon.
Sous la tonnelle.
Sous les filets.
Sous les ombrages.
Souv. d'un Bas-Breton.
Souvenirs d'un vieillard.
Sur la pelouse.
Théâtre de la jeunesse.
Trois femmes.
Trois mois de vacances.
Valise noire.
Valois de Forville.
Comte de Saint-Pol.
Conscrit de l'an VIII.
Marquis de Pazaval.

E. Sue.
Le Diable médecin.
Adèle Verneuil.
Clémence Hervé.
La Grande dame.
Fils de famille.
Gilbert et Gilberte.
Secrets de l'oreiller.
Sept Péchés capitaux.
L'Orgueil. — L'Env[ie]
La Colère. — La L[uxure]
— La Paresse. — L'Av[arice]
— La Gourmandise.
E. Texier.
Amour et finance.
O. de Vallée.
Les Manieurs d'arge[nt]
Max. Valrey.
Marthe de Mont[brun]
V. Vernenil.
Aventures au Sénég[al]
Pierre Véron.
L'Age de Fer-Blanc.
Avez-vous besoin d['argent]
La Boutique à Treiz[e]
La Comédie en plein [vent]
Comédie en Voyage.
Famille Hazard.
Foire aux grotesqu[es]
Grrrande Famille Ha[zard]
Mythologie Parisien[ne]
Maison Amour et Cie
Marchands de [illegible]
Marionnettes de [illegible]
M. et Mme Tout le M[onde]
Paris Comique sou[s le]
2e Empire.
Paris s'amuse.
Le Pavé de Paris.
Les Pantins du Boul[evard]
M. Personne.
Les Phénomènes Viv[ants]
Roman de la Fem. à [illegible]
Les Souffre-plaisirs.
A. de Vigny.
Laurette ou le Cache[t rouge]
La Veillée de Vince[nnes]
Vie et mort du cap. Re[naud]
Ch. Vincent et [illegible]
Le Tueur de brigan[ds]
L. Vitet.
Les Etats d'Orléans.
J. de Wailly [illegible]
Scènes de la vie de fa[mille]
F. Wey.
Londres il y a cent [ans]
Venezia.
La Grèce moderne.

ŒUVRES COMPLÈTES

DE H. DE BALZAC

NOUVELLE ÉDITION COMPLÈTE

53 volumes — 1 fr. 25 c. le volume

(Chaque volume se vend séparément.)

Saint-Ouen (Seine). — Imprimerie JULES BOYER.

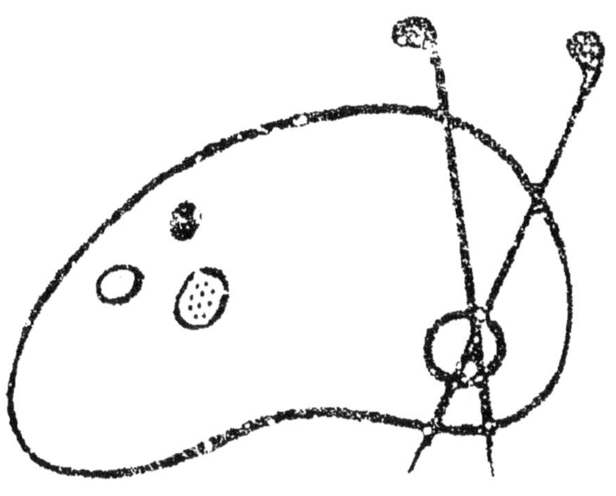

Fin d'une série de documents
en couleur

COLLECTION MICHEL LÉVY

LE SERMENT
DES HOMMES ROUGES
II

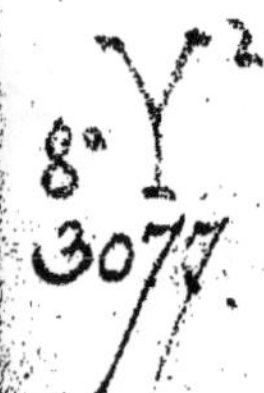

CALMANN LÉVY, ÉDITEUR

DU MÊME AUTEUR

Format grand in-18. — Collection Michel Lévy.

LA JUIVE DU CHATEAU-TROMPETTE............. 3 VOL.

Châteauroux. — Typog. et Stéréotyp. A. Nuret et Fils.

LE SERMENT

DES

HOMMES ROUGES

AVENTURES D'UN ENFANT DE PARIS

PAR

LE Vte PONSON DU TERRAIL

II

PARIS
CALMANN LÉVY, ÉDITEUR
ANCIENNE MAISON MICHEL LÉVY FRÈRES
RUE AUBER, 3, ET BOULEVARD DES ITALIENS, 15
A LA LIBRAIRIE NOUVELLE

1879

LE SERMENT

DES HOMMES ROUGES

LE CHATEAU DU MAGNAT

(Suite)

XXIV

L'OUBLIÉ

Dès qu'ils eurent refermé la porte derrière eux, Maurevailles et Lacy donnèrent un libre cours à leur colère.

Lavenay, quoique sombre, semblait plus calme.

— Et maintenant, Messieurs, qu'allez-vous faire ? demanda-t-il à ses amis.

— Je retourne au camp, dit Marc de Lacy, je ne veux pas rester une minute de plus dans ce château maudit.

— Moi non plus ! s'écria Maurevailles.

Lavenay eut un rire amer.

— Et vous ne voulez pas vous venger ? demanda-t-il.

— Nous venger ? Comment ? De qui ? De ce vieux marquis de Langevin qui nous a attirés dans un traquenard pour nous insulter à loisir ! Sa mort causerait un scandale énorme dans l'armée. Et puis, comme il a dit, nous nous devons tous en ce moment à la France...

— C'est vrai... On nous a même singulièrement exhortés à faire notre devoir, riposta Lavenay avec amertume.

— Mais que faire ? que faire ? demanda avec rage Marc de Lacy.

— Venez avec moi, dit Lavenay.

Il les entraîna dans une salle éloignée.

— Nous avons fait trois tentatives, reprit-il, et nous avons subi trois échecs.

La première fois, c'est le vieux magnat qui, pendant que nous nous livrions à une lutte insensée dans l'hôtel de Vilers, est entré paisiblement par la grande porte et a enlevé la marquise dans mon carrosse...

— Il est vrai qu'il te l'a payé... fit observer Lacy avec un sourire sardonique.

— La seconde tentative, reprit Lavenay, est la tienne, Maurevailles. Tu as découvert la retraite de la marquise; tu as réussi à pénétrer dans ce château si bien gardé ; tu t'es emparé d'elle, tu l'as emportée... Un grain de sable t'a fait échouer. Ce grain de sable, c'est ce misérable gamin que, par un inexplicable caprice, le marquis, notre cher colonel, a attaché à sa personne...

— Oh ! quelle terrible vengeance je tirerai de ce drôle, dit Maurevailles.

— En attendant, il t'a joué ; il s'est introduit presque en maître dans le château, et il a capté la confiance de la marquise. La dernière entreprise, nous l'avons faite à nous trois. Elle devait réussir... Elle nous a couverts de honte !...

— C'est à croire que le diable protège cette femme contre nous !... dit Marc de Lacy.

— Que le diable la protège s'il le veut, ce n'est pas cela qui me fera reculer, dussé-je entamer la lutte corps à corps avec lui ! s'écria Maurevailles.

— Ne perdons pas un temps précieux à nous lamenter, reprit Lavenay. Il faut absolument en finir. C'est mon avis, et je crois que c'est aussi le vôtre...

— Oui, oui !

— Voici donc le plan que je vous soumets :

Tout le monde nous suppose abattus par notre défaite... le magnat à qui notre bien-aimé colonel, le marquis de Langevin, a su donner une demi-satisfaction par son enquête ; la marquise qui se croit protégée par ses nobles amis contre toute nouvelle tentative, et jusqu'à ce Tony qui, triomphant et beau parleur, a paraphrasé le discours patriotique du vieux marquis pour éviter nos épées qui, certes, nous en auraient débarrassés.

Ayons l'air d'accepter la situation. Tenons-nous tranquilles jusqu'au départ des régiments. D'un instant à l'autre peut arriver le maréchal de Saxe qui doit nous emmener. Quand battra le tambour, quand sonneront les fanfares du départ, quand le magnat se croira à tout jamais délivré des gardes-françaises, quand le colonel, faisant piaffer son cheval, se mettra à la tête de ses troupes, arrangeons-nous pour être là, nous, aux aguets, et comme adieux, de gré ou de force, devenons les maîtres de la marquise.

— Bravo, Lavenay ! le projet est bon, dit Lacy. Mais les moyens de le mettre à exécution ?

— Les moyens ? Il y en a mille. Qu'aurons-nous à redouter ? Le magnat ?.. Il sera occupé à enterrer ses muets. Écoutez, nous sommes... trois...

— Vous en oubliez un !!! dit une voix...

La portière se leva et livra passage à un homme enveloppé dans un manteau rouge.

C'était le marquis de Vilers.

Il était pâle encore de sa blessure et de ses fatigues, mais sur son visage était empreinte une mâle énergie.

— Lui ! s'écrièrent les trois Hommes Rouges en portant la main à leur épée.

Vilers les arrêta du geste.

— Un instant, Messieurs, dit-il lentement, vous ne savez pas ce qui m'amène ici.

J'aurais pu, si j'avais contre vous des intentions hostiles, faire assister à ce complot le marquis de Langevin... Mais laissons-là les représailles, où l'honneur est toujours le conseiller qu'on écoute le moins.

Je viens au contraire à vous, le cœur franc, les mains ouvertes. J'ai beaucoup réfléchi à ma conduite passée. Il y a dans ma vie une ombre, une tache... J'ai failli à un serment librement prêté, j'ai trahi mes amis. Cette tache empêche mon bonheur. Je veux la faire disparaître.

— Des remords ? murmura ironiquement Lavenay.

— Des remords, comme tu dis, chevalier. Si ton épée m'avait ôté la vie, ma punition eût été juste. Mais si Dieu m'a laissé en ce monde, c'est qu'il a voulu me donner le temps de réparer ma félonie.

Nous nous étions confiés au sort... Un des quatre billets avait été tiré. Sur ce billet, il y avait un nom... et vous vous en doutez, ce nom n'était pas le mien.

— Quel était-il ?

— Qu'importe ? A quoi bon affliger celui que le sort avait favorisé ?... J'ai mal agi, vous dis-je. Ma seule excuse, c'est l'amour... J'aime Haydée de toutes les forces de mon âme... Elle aussi m'aime.

La voix du marquis s'était altérée, mais il fit un effort et poursuivit :

— Écoutez... Ah ! c'est horrible, le sacrifice que je fais... Sachez m'en gré... Je vous ai trahis, pardonnez-moi. J'expie en cet instant quatre années de bonheur ; mais je reprends mon honneur de gentilhomme.

Voulez-vous, comme moi, rayer de votre mémoire ces quatre années ? Nous allons de nouveau refaire les billets. Si le sort me désigne, vous n'aurez plus rien à me reprocher. S'il ne me désigne pas...

Il hésita de nouveau, et reprit d'une voix sourde :

— Si le sort me condamne... j'aurai toujours le droit de réclamer ma place dans l'armée... Je partirai sans revoir Haydée et je vous le jure... à la première bataille... je me ferai tuer...

Est-ce dit, Messieurs ? Et écrivons-nous les billets ?

XXV

LES NOUVEAUX BILLETS

La surprise des trois Hommes Rouges fut grande, à la singulière proposition de Vilers.

Ils se regardèrent, se demandant si leur ancien ami ne raillait point.

Mais il attendait leur décision, sombre et silencieux.

Le premier, Marc de Lacy s'avança vers lui et rompit le silence.

— Parles-tu sérieusement ? fit-il d'une voix émue.

— Je vous l'ai dit, dans l'immense bonheur que me donnait la possession d'une femme ardemment aimée, une ombre faisait tache : la honte de ma déloyauté. J'avais sacrifié l'honneur à l'amour, j'immole l'amour à l'honneur !...

— Et tu veux reprendre nos conditions d'autrefois ?

— Je le veux... en vous suppliant pourtant de

m'exempter de cette clause qui voudrait que j'apportasse au gagnant aide et protection... Ne le favoriserai-je pas suffisamment en me faisant tuer pour la France à la tête de ma compagnie?...

— Ah ! s'écria Marc de Lacy, ce sacrifice est noble et beau, Vilers. Il me réconcilie avec toi pour toujours... Ami, que tout soit oublié ! Puisque nous nous retrouvons vraiment, tels que nous étions, embrassons-nous comme autrefois.

L'élan était donné. Maurevailles et Lavenay ouvrirent, eux aussi, leurs bras au revenant.

— J'avais juré ta mort, dit le premier. Ce serment, j'ai bonheur à le rétracter ainsi qu'à presser contre mon cœur l'ami fidèle que je croyais à jamais perdu.

— J'ai croisé mon épée contre la tienne, dit à son tour Lavenay. Pour la première fois de ma vie, je me félicite que le coup n'ait pas été mortel...

Les quatre amis de Fraülen, les quatre inséparables d'autrefois, les quatre Hommes Rouges enfin, étaient de nouveau réunis.

Après la réconciliation, il y eut un long silence. Comprenant quel immense sacrifice Vilers était venu accomplir, les trois autres n'osaient pas aborder le sujet terrible...

Ce fut lui qui y revint le premier.

— Eh bien ! dit-il, vous avez entendu ma proposition. Êtes-vous prêts à y satisfaire ?

Maurevailles et Lavenay hésitèrent à répondre. Marc de Lacy murmura :

— N'y aurait-il pas moyen d'annuler ce fatal serment ?

— Non ! s'écria Vilers, c'est une réhabilitation que je suis venu chercher... c'est ma réhabilitation que j'exige... Assez longtemps je vous ai laissé le droit de me donner le nom de traître, assez longtemps j'ai dû courber la tête sous mon parjure... Je veux porter le front haut, Messieurs, dussé-je payer de ma vie ce retour à la loyauté !... Écris les billets, Lavenay !... Je le veux ; écris-les tout de suite. Il faut que le hasard, aujourd'hui comme autrefois, décide de mon sort. J'étais venu ici pour revoir Haydée. Si le destin m'est défavorable, je partirai sans l'avoir vue. Pour elle je suis mort... Mort je resterai. Lavenay, écris vite !

Maurevailles déchira quelques pages de ses tablettes, et passa le papier et le crayon à Lavenay.

Celui-ci se mit à faire les quatre billets et les plia minutieusement.

. . . .

Mais, au moment de les jeter dans le chapeau, qui devait, comme à Fraülen, servir d'urne, Lavenay se ravisa :

— Un instant, dit-il, mes amis. Moi aussi, j'ai des scrupules...

Lorsque nous avons échangé notre fatal serment, nous avons bien légèrement disposé de la femme que tous quatre nous aimions. Il fallait que le bonheur de l'un causât le malheur des trois autres : donc, rien de plus juste que de laisser en cela le choix au hasard... Mais, avions-nous le droit de condamner du même coup celle dont nous avions fait l'enjeu de notre loterie ?

— Certes, tu as raison, observa Maurevailles, il eût été plus rationnel de chercher chacun isolément à plaire à la comtesse Haydée, puis de nous unir en bons et loyaux amis pour aider celui qui aurait eu le bonheur d'être aimé d'elle. Malheureusement il n'en a pas été ainsi. A quoi bon revenir sur ce sujet ? Ce qui est fait est fait...

— Soit, répliqua Lavenay, mais ce serment prêté par nous quatre, si nous ne le brisons, nous pouvons au moins le modifier. Si Vilers a été coupable, je confesse, moi, pour ma part, que je le suis aussi. J'ai manqué d'indulgence envers l'*amour partagé,* j'ai mis mon égoïsme à la place du *devoir*. Quand j'ai tiré l'épée pour tuer Vilers, faut-il le dire ? c'était presque plutôt pour mon propre compte que pour celui de tous.

Et ce que j'ai fait, avouez-le, Messieurs, vous l'auriez fait aussi...

— Où veux-tu en venir ? interrompit Maurevailles.

— A ceci, que si Vilers renonce à un bonheur que nous seuls avons le droit de ne pas appeler légitime, nous ne devons pas être en reste de sacrifice avec lui. Je voudrais donc qu'avec le bulletin portant son nom, chacun de nous mît un bulletin blanc... Si ce bulletin blanc sort, le *statu quo* subsiste... Vilers, lavé de sa faute, reprend sa femme. Nous, sans avoir le droit de l'accuser, comme autrefois, nous continuons la lutte, et loyalement, sans fraude ni tromperie, nous essayons de reconquérir la marquise, nous aidant mutuellement et gardant entre nous trois les conditions passées. Que dites-vous de mon compromis ?

— C'est peut-être subtil, dit Marc de Lacy en souriant ; mais qu'importe ! Pour ma part, j'accepte.

— J'accepte aussi, dit Maurevailles.

— Et toi, Vilers ?

— Je suis à votre disposition. Ce que vous déciderez sera loi pour moi.

— Va donc pour les huit billets ! s'écria Lavenay. Et à la justice de Dieu !

Il arracha de nouvelles pages des tablettes de Maurevailles, les plia méticuleusement et mit quatre bulletins blancs dans le chapeau où se trouvaient déjà les quatre noms.

— Mais qui va tirer, cette fois ? demanda Marc de Lacy.

— C'est vrai, nous ne pouvons pas aller demander à la marquise, que le magnat a sans doute placée sous bonne garde...

— Hé ! il ne faudrait pas nous en défier. Sa garde et lui ne nous empêcheraient pas, si nous le voulions bien, d'arriver jusqu'à la prisonnière.

— Messieurs, dit le marquis de Vilers, vous avez oublié que *je ne dois* pas revoir la marquise avant que le sort ait décidé...

— C'est vrai, mais, encore une fois, comment faire ?

— Attendez, dit Maurevailles.

Il alla ouvrir la porte et parcourut du regard les couloirs.

Au loin apparaissait un groupe qui semblait se diriger vers la pièce où se trouvaient réunis les quatre Hommes Rouges. Au centre de ce groupe était Réjane...

Réjane qui venait de se lever, ignorante de tous les événements de cette nuit si terrible et si remplie, et qui, à peine levée, se rendait entourée de muets et de muettes dans les appartements de sa sœur. Maurevailles s'avança jusqu'à elle.

En le voyant, elle tressaillit, mais avec une exquise politesse, il la supplia de vouloir bien se déranger un instant de sa route pour leur rendre un service.

— Lequel ? demanda la jeune fille en souriant.

— Celui de plonger votre petite main dans le chapeau que tient mon ami M. de Lavenay, et d'en retirer un des billets qui s'y trouvent.

— Une loterie, alors ? dit Réjane.

— Justement. C'est bien facile, vous le voyez.

Aux muets qui l'accompagnaient, Réjane fit signe de rester dans le couloir et, par la porte grande ouverte, pénétra dans la pièce.

En la voyant entrer, M. de Vilers s'était voilé le visage d'un pan de son manteau. Elle ne le reconnut pas.

Gaston de Lavenay lui présenta le chapeau qui contenait les billets. Elle en prit un qu'elle allait lui tendre quand, se ravisant :

— Et l'enjeu, quel est l'enjeu ? demanda-t-elle.

L'impatience des quatre Hommes Rouges était indescriptible. Quel était ce billet que Réjane tenait entre ses doigts effilés ? Portait-il un nom et lequel ?

Ils durent se contenir pour ne pas l'arracher des mains de la jeune fille.

Et elle, jouant avec leur impatience, ne se pressait pas, insistant pour savoir ce qu'aurait le gagnant...

— Mademoiselle, dit Lavenay, prenant un parti, de ce billet dépendra peut-être la vie ou la mort de l'un de nous...

— Ah ! mon Dieu ! s'écria Réjane épouvantée

Elle déplia le billet et lut tout haut : MAUREVAILLES !

XXVI

L'AVEU

Maurevailles jeta un cri de joie, auquel Vilers répondit par un gémissement sourd.

— Merci, Mademoiselle, dit Lavenay à Réjane, nous ne voulions vous demander que ce léger service. Nous n'oserions vous retenir plus longtemps.

Réjane comprit et sortit. Lavenay laissa retomber la tenture qui fermait la porte et s'approcha de Vilers qui semblait atterré.

— Du courage, ami ! dit-il.

— Du courage, j'en ai. Mais tu admettras bien que mon cœur se brise... répondit le marquis en étouffant un sanglot. Cependant, sois tranquille, je tiendrai mon serment cette fois !...

J'ai promis de ne pas revoir Haydée. Elle me croit mort... Son erreur est devenue une vérité. Dès aujourd'hui, je suis mort pour elle.

Le maréchal de Saxe arrive demain. Le régiment se remettra bientôt en marche. Je partirai avec l'avant-garde... A la première escarmouche, il faudra bien qu'une balle impériale me délivre en même temps de mes tourments et de la vie.. Allons, Messieurs, encore une fois, vos mains ! La tienne aussi, la tienne surtout, Maurevailles !...

Maurevailles hésitait. Enfin il mit sa main dans celle du marquis.

Lavenay prit alors la parole.

— Moi, qui ai frappé Vilers de mon épée, dit-il, je crois avoir le droit de vous faire, avant qu'il nous quitte, une nouvelle proposition.

— Parle.

— Vilers se sacrifie et part, sans revoir Haydée qui, après tout, est sa femme...

— Eh bien !

— Ne serait-il pas juste que Maurevailles agît de même ? Ne serait-il pas odieux à lui d'aller dire à la marquise : « Votre mari vient de mourir, en vous laissant à moi ! »

— Partons tous sans la revoir, s'écria Maurevailles. Je m'engage à ne pas lui révéler avant un an la décision du sort ?... Dans un an, ajouta-t-il en baissant la voix, pour ne pas attirer l'attention de Vilers qui, malgré lui, s'absorbait dans sa douleur, dans un an, madame de Vilers sera veuve depuis assez de temps pour que l'offre d'un mariage n'ait rien de repoussant ni même d'étrange, tandis que, avant ce délai, il serait indigne d'un gentilhomme de renouveler ses douleurs.

— Bien, Maurevailles, firent Lavenay et Lacy.

— Merci, ami, ajouta Vilers en lui serrant de nouveau la main.

Et les quatre hommes se séparèrent.

Maurevailles sortit le dernier.

Comme il venait de franchir le seuil, une ombre se glissa derrière lui.

Il se retourna. C'était Réjane...

La jeune fille, qui n'avait d'abord vu qu'un jeu dans la demande que lui avaient faite les quatre officiers, de tirer un billet dans un chapeau, avait été intriguée de la façon grave avec laquelle s'accomplissait ce prétendu jeu.

Puis la réponse de Lavenay : « De ce billet dépendra peut-être la vie ou la mort de l'un de nous... » l'avait épouvantée.

— De quoi s'agit-il donc ? s'était-elle demandé.

Enfin le hasard avait voulu que le nom qui sortît du chapeau fût justement celui du seul des trois Hommes Rouges auquel elle s'intéressât. — Car nous avons déjà dit qu'elle n'avait pas reconnu son beau-frère, le marquis de Vilers, qui, le visage caché par son manteau, s'était tenu à l'écart, dans l'ombre.

Maurevailles ! c'était Maurevailles que le sort désignait.

Maurevailles, celui que son amour naissant avait pris pour objet... A quelle œuvre était donc réservé Maurevailles ?

Quelle était la destinée de celui dont le nom

était sorti? Était-ce pour le sauver ou pour le perdre, pour le justifier ou pour le condamner qu'on avait chargé le sort de choisir un des quatre gentilshommes ? Palpitante, Réjane voulut savoir. Elle congédia sa suite, revint se blottir derrière la tenture qui fermait la pièce et écouta... Là, elle apprit le mystère. Vilers, le mari d'Haydée, vivait, mais renonçait à elle et parlait de mourir... et c'était Maurevailles qui, les délais accomplis, comptait lui succéder !... Oh ! cela était horrible, impossible ! cela ne pouvait pas s'accomplir !... Et voilà pourquoi, saisissant la main de Maurevailles, Réjane entraîna dans une autre salle le jeune officier ébahi :

— Vous n'obéirez pas à ce pacte infâme, lui dit-elle d'un ton suppliant.

— Mais, qui vous a dit ?...

— Je sais tout. J'ai écouté !

— Vous !!!

— Il ne s'agit pas de moi. Il s'agit d'un gentilhomme, d'un officier, qui veut se faire assassin, car ce serait un assassinat véritable que de forcer le marquis à mourir !

— Mais, si vous avez tout entendu, vous devez savoir qu'un serment implacable nous lie ...

— Il faut le rompre ...

— Le puis-je? Vous voyez bien que Vilers lui-même, repentant de l'avoir violé, est venu nous demander pardon et nous faire renouveler ce serment.

— Vous ne le tiendrez pas, vous dis-je ! ...

— Vous espérez que, lorsqu'enfin ...

— C'est impossible...

— Il le faut !...

— Voudriez-vous être la cause du malheur éternel de ma sœur ?

— Je m'efforcerai au contraire de tout faire pour la rendre heureuse ...

— Mais, elle ne vous aime pas!...

— Elle m'aimera.

— Elle vous hait...

Maurevailles s'interrompit en remarquant tout à coup l'effet que ses paroles produisaient sur la jeune fille. Pâle, le sein agité par une respiration précipitée, elle se tordait les bras à chaque mot qu'il disait.

— Mais qu'avez-vous? s'écria-t-il, inquiet.

— Ah ! dit avec un cri de l'âme l'infortunée enfant ... Vous voulez donc que je meure, moi ?

— Vous ?...

Les larmes, à grand'peine comprimées, s'échappaient enfin des yeux de la jeune fille, qui s'abaissèrent sous le regard du chevalier. Elle chancela. Maurevailles n'eut que le temps de s'élancer pour la soutenir.

Mais au contact de l'officier, sur l'épaule de qui sa tête était appuyée, Réjane frissonna comme si elle eût touché un fer rouge.

Par un effort nerveux, elle s'échappa de ses bras et vint tomber pantelante sur un fauteuil.

— Qu'avez-vous, Réjane, au nom du ciel, qu'avez-vous ?

— Ah ! murmura la pauvre enfant, vous n'avez donc pas compris ..., vous n'avez donc pas deviné... que c'est moi... qui vous aime !

XXVII

LA CAGE

Toute rougissante de l'aveu qui venait de lui échapper, Réjane se retira à l'autre extrémité de la pièce, n'osant plus regarder Maurevailles dont un mot allait être son arrêt.

Celui-ci, cloué sur place par la stupéfaction, hésitait à répondre.

Il n'avait jamais pensé à aimer cette enfant. La seule raison qu'elle était la sœur d'Haydée eût suffi pour l'en empêcher ...

Et maintenant que le sort venait de le désigner pour être l'époux de la marquise, maintenant plus que jamais, il n'était pas libre de disposer de son cœur.

Certes, de nos jours, plus d'un homme eût avec bonheur renoncé aux bénéfices des clauses du serment pour avoir le droit de partager l'amour de cet ange qui s'offrait si ingénument, si loyalement. Mais à cette époque de raffinements d'honneur, le même sentiment exagéré qui avait causé la démarche de Vilers, auprès de ses anciens amis, retenait Maurevailles.

— Je ne puis pas, se disait-il avec regret, me dégager de mon serment ... Je dois être l'époux d'Haydée ... Vilers meurt pour sa parole ... Je ne puis aimer une autre femme sans déloyauté ...

Tout à coup un bruit étrange se fit entendre autour d'eux. On eût dit le froissement du fer contre le fer... Réjane tourna la tête et poussa un cri.

Du plafond descendaient, le long des murailles, quatre énormes plaques de fer soudées aux angles...

— Qu'est cela ? s'écria Maurevailles en courant à la porte...

Mais elle résista, fermée qu'elle était en dehors.

Les plaques continuaient à descendre lentement avec le même bruit sinistre...

Maurevailles essaya d'enfoncer la porte, mais elle était solide. Il eût fallu plus d'une heure pour en avoir raison.

Et la muraille de fer descendait...

Déjà avec son mouvement lent, mais implacable, elle dépassait le haut de la porte... Dans quelques minutes, celle-ci allait disparaître sous la cuirasse qui enserrait Réjane et son compagnon.

La jeune fille avait suivi Maurevailles dans ses infructueuses tentatives. Haletante, éperdue, elle essaya d'ouvrir la fenêtre... Le mur de fer, appliqué contre le haut des montants, l'en empêcha... Elle brisa un carreau, ensanglantant sa main aux fragments du verre... Il y avait de l'autre côté d'épais barreaux scellés dans le mur.

Ces barreaux, il est vrai, étaient vieux et rouillés ; quelques efforts vigoureux eussent suffi pour les desceller ou les mettre en morceaux.

Mais le temps?...

L'horrible muraille descendait, descendait toujours avec son grincement horrible ; elle couvrait maintenant les deux tiers de la fenêtre... Quelques minutes encore et le carreau que Réjane avait cassé aurait disparu !...

Il n'y aurait plus de fenêtre.

Dans ce dernier effort, Maurevailles avait réussi à arracher une planche de la porte... mais l'inexorable mur, continuant son œuvre, avait presque bouché le vide laissé par cette planche.

Ils étaient perdus, bien perdus !...

— Au moins, s'écria Réjane, nous mourrons ensemble... Ah ! si je pouvais mourir en me sachant aimée !... O mon Dieu, faites que je l'entende dire qu'il m'aime !

Un ricanement lui répondit, affreux comme le grognement d'une bête fauve...

Elle leva les yeux vers le plafond, d'où venait ce bruit.

Par une trappe ouverte, elle vit la tête hideuse du magnat, contractée par un rictus satanique.

Épouvantée, la pauvre enfant jeta un dernier cri et s'affaissa sur le parquet.

Les quatre murs de fer touchaient maintenant le sol.

— Ah ! ah ! ah !... ricanait le vieillard, croyez-vous donc que l'on m'échappe ? Croyez-vous donc que toujours l'on me joue ? Non, non ! ... Ici, rien ne se fait, ne se dit, que je ne le sache. A peine étiez-vous entrés dans cette salle, qu'une de mes sonnettes m'en avertissait... Depuis une heure, j'assiste à votre duo d'amour ! ... Ah ! ah ! M. de Maurevailles, vous avez gagné à la loterie mon Haydée ? ... Vous ne profiterez pas de votre bonne fortune... Ah ! ah ! ah !

— Vous, ma belle tourterelle, reprit le vieillard en s'adressant à Réjane, vous serez heureuse, puisque vous resterez avec celui que vous aimez. Adieu, ma fille. Adieu, Maurevailles. Moi, je retourne auprès d'Haydée. Ce n'est pas vous maintenant qui me gênerez...

Maurevailles se tordait les mains de désespoir. Avec une rage folle, il s'élança contre le mur de fer qu'il essaya d'ébranler.

— Ah ! ah ! ricana de nouveau le comte, ah ! monsieur le chevalier, n'usez donc pas vos forces ; vous en aurez besoin pour l'épreuve qui vous reste à subir... Le blindage est solide ; ce sont des ouvriers allemands qui l'ont fait, ils ont consciencieusement accompli leur besogne, vous arracheriez tous vos ongles sur ce fer poli. Inutile aussi de crier, je vous en avertis, votre voix ne parviendrait pas jusqu'aux oreilles de vos amis !... Voyons, ma pauvre petite Réjane, toi que j'aurais voulu épargner, — mais comment? — fais donc comprendre à ton amoureux qu'il ne réussira pas...

Réjane était assise à terre, immobile et ne semblant plus avoir conscience de ce qui se passait autour d'elle.

— Oh! le misérable! rugit Maurevailles.

— Ah! vous vous fâchez!... Pourquoi? N'avez-vous pas agi de ruse avec moi quand vous vous êtes introduit dans mon château pour m'enlever celle que j'aime... Vous avez voulu lutter contre moi, croyant que je ne pourrais soutenir la lutte... Le vieillard débile, comme vous disiez — car j'ai tout entendu, tout! — l'emporte sur l'homme fort... Il me reste encore de longs jours à vivre. Quant à vous, vos minutes sont comptées...

— Infâme, infâme! répéta le chevalier.

— Je vous frappe avec votre arme, la ruse, continua le magnat qui savourait sa vengeance, vous avez voulu pénétrer les mystères de ce château; vous les connaîtrez pour votre malheur, mais le secret en mourra avec vous.

— Oh! mes amis tireront de vous une terrible vengeance, fit Maurevailles menaçant.

— Vos amis? ils croiront que, tout entier à l'amour d'Haydée, vous renoncez à eux... à l'armée, à l'honneur... Ils ne penseront à vous que pour vous mépriser, vos amis. D'ailleurs, voilà enfin le moment où ces gardes-françaises maudits vont abandonner le pays. Demain matin, de votre cachot, vous pourrez entendre le tambour battre, les trompettes sonner le départ. Les chants joyeux des soldats en marche arriveront jusqu'à vous... jusqu'à vous, prisonnier, jusqu'à vous qui implorerez en vain et dont, à cette heure même, commencera l'agonie. Chevalier de Maurevailles, dites, n'est-ce pas que je sais me venger ?

— Mais, elle, elle !... s'écria Maurevailles en désignant Réjane, qui, toujours assise sur le parquet, semblait assister, indifférente, à cette scène. Elle !... Que vous a-t-elle fait ? Faites-moi mourir, mais sauvez-la !...

— Allons donc ! tu profiterais de l'occasion pour t'enfuir avec elle !...

— Non, sur mon salut éternel, je vous le jure !...

— Ah ! le joli serment ! Non, non, je ne te crois pas. Adieu, Maurevailles, je te souhaite une heureuse nuit de noces...

A ce mot, la jeune fille sortit de sa torpeur.

— Une nuit de noces... répéta-t-elle, qui donc parle de noces ici ?... Ah ! oui... c'est moi qui me marie... Oh, quel bonheur !...

Et elle se leva, l'œil enflammé.

— Mon Dieu ! murmura Maurevailles, que dit-elle ?

Réjane tendait les mains vers un objet invisible :

— Oh ! la belle chapelle !... dit-elle avec extase, tout est prêt... les cierges brillent, éclairant la nef... Le prêtre est tout habillé... il va monter à l'autel... L'encens fume... la musique se fait entendre... Viens vite, mon bien-aimé, il ne faut pas être en retard... cela porte malheur.

— Ah ! s'écria Maurevailles, terrifié, la malheureuse enfant est folle !...

Le Magnat eut un atroce ricanement

— Eh ! eh, dit-il, tu vois, elle ne souffrira pas de sa réclusion, elle... Cela sera un poids de moins sur ma conscience... Mais toi, chevalier, quelle jolie compagne tu vas avoir là ?

— Ma sœur, disait encore Réjane, ma bonne sœur, que je te remercie... Malgré tes chagrins, tu es heureuse de mon bonheur...

— Tu vois, chevalier, elle est contente, elle... ricana le hideux vieillard.

— Oh ! taisez-vous, misérable, n'insultez pas votre victime !...

— Pourquoi ne chantez-vous pas ? demanda douloureusement l'enfant à celui qu'elle aimait. C'est pourtant jour de fête aujourd'hui. Vous voulez que je commence ? Ah ! bien volontiers !

Et elle fredonna sur un rythme bizarre :

Maman m'avait donné
Un gentil petit cœur,
Mais, moi, je l'ai donné
Vite à mon beau vainqueur !...

— Réjane, chère Réjane !.. s'écria Maurevailles.

— Dansons maintenant, fit la jeune fille en lui prenant la main, j'adore le bal... T'en souviens-tu ? c'est au bal de l'Opéra que je t'ai vu pour la première fois...

— Oh ! cet homme, ce démon, dit Maurevailles en levant le poing vers le magnat. Va-t-en au moins, infâme !

— C'est vrai, on ne regarde pas ainsi les jeunes mariés, fit l'épouvantable vieillard qui ricanait toujours. D'ailleurs, en voilà assez pour aujourd'hui... A demain, chevalier, je viendrai te revoir, sois-en certain, cria-t-il en se redressant.

Mais à ce moment, une ombre se montra derrière lui.

Le magnat poussa un cri terrible et vint s'abattre aux pieds de Maurevailles...

XXVIII

LE VAUTOUR EN CAGE

Le comte, rugissant de rage, essaya vainemen de se relever.

Il avait la jambe droite cassée.

Instinctivement, Maurevailles regarda quel pouvait être le vengeur inattendu.

La tête ébouriffée et railleuse du nain ricanait maintenant dans l'embrasement de la trappe.

— Ah ! ah ! fit le petit homme en s'adressant au magnat, vous ne vous attendiez pas à celle-là, mon doux seigneur ? Vous qui aimez tant à faire enfermer les autres, vous voilà pris à votre tour !

— Le nain ! s'écria Maurevailles. Ah ! nous sommes sauvés ! Vite, vite, à nous : une corde !

— Qui est-ce qui est là ? dit le nabot en se faisant de la main un abat-jour pour regarder. Ah ! diantre ! le gentilhomme au manteau rouge qui a de si beaux louis d'or !... Et la jeune demoiselle de Paris !... Tiens, tiens !... C'est donc vous que le vieux voulait garder en cage ?

— Une corde, une échelle, un objet quelconque pour sortir d'ici ! cria de nouveau Maurevailles, sans écouter le verbiage du petit nain, qui se dédommageait amplement de son mutisme forcé. Vite, et compte sur ma reconnaissance.

— Der Teufel ! si j'y compte, je crois bien... Mais laissez-moi arranger l'affaire, vous allez voir... Je suis malin, moi, et si j'ai fait plonger le vieux là-dedans, c'est pour qu'il y soit seul et non pas en compagnie...

Tout en parlant, le nain travaillait en effet ; il avait été chercher une corde assez solide pour porter un homme ; puis, arrachant une colonne sculptée d'un lit qui s'étendait dans la pièce voisine, il avait placé cette colonne en travers de la trappe.

— C'est ciré, la corde glissera comme sur une poulie, disait-il en plaçant en effet sur le bois poli le milieu de la corde, dont les deux bouts pendaient jusqu'au sol. Allez, mon gentilhomme, vous n'avez qu'à attacher un bout à votre ceinturon, vous vous hisserez aussi facilement que je boirais un verre de vin du Rhin...

Maurevailles avait saisi la corde. Le magnat se souleva de nouveau et s'approcha de lui...

— Prenez garde ! cria le nain en voyant le vieux comte se traîner jusqu'au capitaine. Montez, montez vite !

— A Réjane d'abord, dit le chevalier qui, d'un coup de pied, repoussa le magnat.

Réjane, la pauvre enfant !... regardait sans la comprendre toute cette scène... Sa raison égarée lui représentait des tableaux fantastiques. Quand Maurevailles s'approcha d'elle, elle se recula :

— Que fais-tu donc, mon bien-aimé ? murmura-t-elle d'un ton de doux reproche. Est-ce ainsi qu'on agit, un jour de mariage ?... Nos invités, nos amis nous attendent !...

— Réjane ! chère Réjane ! il faut fuir d'ici, fuir, entendez-vous ?

— Fuir ? Pourquoi ? Ne sommes-nous pas chez nous, dans notre château ?

— Il faut nous sauver, vous dis-je ! répéta Maurevailles en essayant d'entourer la taille de la jeune fille avec la corde.

— Je ne veux pas... laissez...

Elle s'enfuit à l'autre extrémité de la pièce; Maurevailles la poursuivit.

— Ah ! ah ! ah ! dit-elle triomphante, vous ne m'attraperez pas !...

Avec la mobilité d'esprit des fous, elle oubliait son idée de l'instant d'avant pour ne plus voir qu'un jeu dans cette poursuite.

— Vous ne m'attraperez pas, répéta-t-elle en échappant avec la légèreté d'un oiseau, chaque fois que Maurevailles croyait l'atteindre, je cours mieux que vous...

Et elle se mit à chanter :

Courez, courez, beau seigneur,
Qui voulez avoir mon cœur !...
Ni par vos richesses,
Ni par vos prouesses,
De moi vous ne serez vainqueur.
Courez, courez, beau seigneur

— Mon Dieu ! que faire ? s'écria Maurevailles frappé douloureusement au cœur par cette gaieté navrante en un pareil moment.

— Ah ! disait le magnat en se roulant sur le sol, tu ne pourras la faire sortir d'ici... elle mourra avec moi... je serai vengé !... vengé !...

— Laissez-la, montez, montez donc !... disait de son côté le nain, voyant que Maurevailles s'épuisait en efforts inutiles pour saisir Réjane.

— Non, ce serait une lâcheté... je la sauverai ou je mourrai avec elle !...

Et la poursuite recommença.

Le chevalier réussit enfin à s'emparer de la jeune fille. Il l'attacha solidement sous les bras et essaya de l'enlever.

Mais, ivre de rage, le magnat, malgré l'atroce douleur que lui causait sa blessure, s'était traîné jusqu'auprès d'eux. Au moment où Réjane allait s'enlever de terre, il saisit les plis flottants de sa robe et s'y cramponna désespérément.

— Faites-le lâcher, faites-le lâcher ! cria le nain qui, du haut de sa trappe, assistait à toute cette scène avec un intérêt marqué.

Le magnat crispait ses doigts sur l'étoffe avec une énergie sauvage, contre laquelle Maurevailles essaya en vain de réagir.

— Nous nous sauverons ensemble, et je vous ferai tous pendre ! hurlait le vieux comte avec un horrible ricanement. Ou bien vous mourrez ici avec moi.

Il atteignit et saisit violemment le bras de Réjane à qui ce contact odieux arracha un cri de terreur.

— Misérable ! rugit l'officier en essayant de lui faire lâcher prise !...

Et Maurevailles broya dans ses mains nerveuses le poignet du magnat.

Ce fut une lutte horrible, mêlée d'exclamations de rage et de douleur, lutte désespérée dans laquelle le capitaine, tout en cherchant à maîtriser son ennemi, était en même temps obligé de veiller sur Réjane, qui, de plus en plus terrifiée, faisait des efforts pour s'enfuir de nouveau.

Enfin, le chevalier réussit à se débarrasser du magnat qu'il rejeta violemment à terre.

Tirant sur la corde, il hissa Réjane jusqu'à l'ouverture de la trappe.

— Reçois-la et aide-la à monter, cria-t-il au nain.

Mais au lieu de répondre, celui-ci poussa un cri de terreur.

— Prenez garde ! fit-il.

Le comte était debout !

Désespérant de se sauver, il avait tiré de sa ceinture un long poignard et allait en frapper Maurevailles.

Celui-ci, les deux mains occupées par la corde qui soutenait Réjane, ne pouvait ni se sauver, ni se défendre.

— Je suis vengé, hurla le vieillard en baissant son arme pour frapper Maurevailles.

Il n'eut pas le temps de tuer le chevalier. Prompt comme l'éclair, le nain s'était emparé d'un lourd tabouret en bois de chêne sculpté et, visant bien, de façon à n'atteindre ni Maurevailles ni la jeune fille, l'avait jeté sur la tête de son ancien maître.

Le magnat s'abattit lourdement.

Sans perdre une seconde, le chevalier fit arriver Réjane jusqu'au plancher supérieur où elle fut reçue par le nain, qui la détacha et rendit la corde à Maurevailles.

Le magnat étourdi poussait des plaintes sourdes. Maurevailles fut pris de pitié.

— Malgré sa perfidie et ses crimes, se dit-il, je n'ai pas le courage de lui faire subir le sort qu'il me destinait !...

— Eh bien, qu'est-ce que vous faites ? s'écria le nain stupéfait. Venez, venez donc ! Nous ne pouvons rester plus longtemps ici, les autres vont nous surprendre.

— Qu'importe ? dit Maurevailles en soulevant le magnat par les épaules pour l'attacher à son tour.

— Ne faites pas cela, dit le nain qui comprit la pensée du chevalier. Ne faites pas cela, pour Dieu, il nous ferait tous massacrer. Je vous le jure, si vous le montez ici, au moment où il arrivera, je coupe la corde.

Il avait tiré de sa poche un couteau et se disposait à exécuter sa menace.

— Allons, murmura Maurevailles, il le faut.

Et il s'enleva seul jusqu'à l'ouverture.

En le voyant partir, le vieillard sortit un instant de sa torpeur. Il fit un effort pour se relever.

Mais ses forces le trahirent.

Il retomba avec un gémissement.

Une fois dehors, Maurevailles prit Réjane dans ses bras et l'emporta vers le logement de la marquise.

Pendant ce temps, le nain regardait avec une sombre joie le magnat étendu au fond de la chambre bardée de fer.

— Il ne bouge plus, se dit-il avec regret, serait-il mort ?

Un soupir lui prouva que sa crainte était vaine.

— Ah ! grommela le petit bonhomme, c'est solide, ces vieux-là. Il peut durer encore longtemps. On s'amusera. Le vautour est en cage, fermons la porte !...

Il fit glisser la trappe dans sa rainure et s'en alla en sifflotant.

XXIX

CHERCHEZ...

Par les ordres du magnat, le traban s'était occupé de la sépulture des muets, tués dans les souterrains.

Naturellement on ne tenait pas à ébruiter l'affaire, mais encore le comte de Mingréli ne pouvait-il refuser aux cadavres de ces malheureux les bénédictions d'un prêtre.

Après avoir fait creuser des fosses dans une partie reculée du parc, l'intendant avait prié le curé du village de venir dire un service.

Il se rendit avec ce prêtre à l'appartement du magnat pour prendre ses nouveaux ordres.

Le magnat n'était pas chez lui.

L'intendant se mit à sa recherche ; chez la marquise de Vilers, on n'avait pas vu le comte. Où donc était-il ?

Le traban alla ensuite auprès du marquis de Langevin, qui, connaissant les projets des Hommes

Rouges et comprenant la fureur dans laquelle devait les plonger l'affront qu'ils avaient subi, fut saisi de la crainte qu'ils ne se fussent vengés sur le magnat.

Il donna ordre de les appeler immédiatement. Mais tandis qu'on les cherchait, Maurevailles lui fit demander un entretien.

Le chevalier était pâle. L'horrible scène, dans laquelle il venait de jouer un des principaux rôles, l'avait profondément ému. Tant qu'il lui avait fallu lutter contre le magnat et songer à sauver Réjane, son énergie ne lui avait pas fait défaut.

Le danger passé, elle l'abandonnait.

Et puis, quoique le magnat eût tout mis en œuvre pour le faire mourir, il ne pouvait se résoudre à cette idée de laisser un homme enterré vivant. C'eût été le remords de sa vie.

Il venait tout raconter au marquis de Langevin, et le prier de donner des ordres pour aller retirer le comte de Mingréli de sa tombe anticipée.

Le récit de Maurevailles épouvanta le colonel.

Il appela des hommes et dit au chevalier :

— Capitaine, conduisez-moi à la chambre qui est située au-dessus de la cage de fer.

Mais quand on arriva à cette chambre, on chercha vainement la trappe... Le plancher, lisse et uniforme, ne présentait aucune solution de continuité.

— C'est étrange ! s'écria Maurevailles. C'est cependant ici...

Il s'interrompit. Bien que, comme aspect et comme ameublement, la pièce fût exactement semblable à celle par laquelle il s'était sauvé, il venait de constater certaines différences fort légères... On sortit pour visiter l'appartement voisin... Il était fait sur le même modèle et meublé pareillement. Trois, quatre, cinq pièces semblables furent en vain examinées et sondées. Impossible de s'y reconnaître.

Malgré toute sa bonne volonté, Maurevailles ne pouvait désigner d'une façon précise le salon dans lequel s'ouvrait la trappe.

Ce château était un véritable dédale dans lequel on finissait par ne plus savoir se diriger.

— Je ne vois qu'une chose à faire, dit le marquis de Langevin, allons consulter mademoiselle Réjane...

Peut-être se souviendra-t-elle mieux que vous...

— La pauvre enfant, hélas ! a perdu la raison.

— Que m'apprenez-vous ! Mais consultons-la tout de même. Elle retrouvera instinctivement l'endroit où elle a reçu le coup terrible qui a troublé sa raison... Allons la chercher.

On se rendit à l'appartement de la marquise où Maurevailles avait conduit la jeune fille. Il fut impossible de rien lui faire dire. Au seul nom du magnat, elle se tordait dans d'horribles crises, dont elle ne sortait que pour divaguer ou se plonger dans une morne torpeur.

Restait le nain. Lui, qui connaissait tous les mystères du château, qui avait suivi le magnat et l'avait jeté dans la trappe, devait savoir où il l'avait laissé.

Mais l'avorton n'était pas disposé à parler. Comme il l'avait dit maintes fois, le magnat était homme à le faire pendre haut et court, aussitôt qu'il pourrait revenir sur terre. C'était une perspective peu rassurante.

En outre, il s'imaginait servir Maurevailles et Réjane en gardant le plus profond secret.

Aussi, quand on l'interrogea :

— Non, non, murmura-t-il en secouant sa grosse tête crépue, le vilain oiseau est en cage : il faut l'y laisser. Il est très bien !

— Songe qu'il est blessé, mourant peut-être, dit Maurevailles.

— Oh ! il a la vie dure !...

— Si tu as peur de lui, ne crains rien, je te protégerai, dit à son tour le marquis de Langevin.

— Je n'ai peur de personne..., monsieur le colonel, mais je ne peux pas vous dire où il est... Je ne m'en souviens plus !...

Il n'y eut pas moyen de le faire sortir de là. Prières, menaces, représentations eurent le même résultat.

— Je ne sais pas, je ne me souviens plus, disait le nain à chaque nouvelle question qui lui était posée.

Et pendant ce temps, le misérable vieillard, privé de lumière et d'air, étendu sur le sol, la jambe cassée, mourait peut-être sans secours !

— Puisqu'il en est ainsi, dit le colonel, il nous reste un devoir à remplir.

— Lequel ?

— Je ne puis m'occuper plus longtemps de ces recherches. Il faut que je veille au départ de mon régiment. Mais, en l'absence du magnat, la marquise est maîtresse absolue au château.

— C'est vrai.

— Dès le moment où elle sera informée de la disparition du comte, ce sera à elle de décider de ce qu'il y aura à faire.

— Et peut-être aura-t-elle sur ce nain enragé plus d'influence que nous.

Il ne pouvait plus leur rester, en effet, que cette seule espérance.

Ils allèrent chez la marquise.

. . . .

S'ils s'étaient rendus une heure plus tôt auprès de madame de Vilers, ils l'auraient trouvée tout entière à sa douleur, d'autant plus vive qu'elle s'accusait d'être la cause de la mort de son mari.

N'avait-elle pas d'abord, se fiant aux paroles du magnat, consenti à le suivre dans ce fatal château où le marquis avait dû venir la chercher?

N'avait-elle pas ensuite, prise d'une folle terreur, lancé elle-même des bourreaux contre son mari qu'elle n'avait pas reconnu, et qui avait fait des prodiges pour arriver jusqu'à elle ?

Une seule personne eût pu désabuser la marquise ; c'était Réjane, qui venait de voir M. de

Vilers. Mais Réjane était folle, et les muettes, attendries pour la première fois de leur vie, n'avaient pas osé la montrer à la marquise.

Madame de Vilers était donc assise auprès de la fenêtre, regardant, sans le voir, le panorama qui se déroulait sous ses yeux.

Maman Nicolo et Bavette respectaient sa douleur.

Tout à coup, Haydée se leva brusquement :

— Madame Nicolo, dit-elle d'une voix entrecoupée, vous êtes une véritable amie. Je puis compter sur vous, n'est-ce pas ?

— Comme sur moi-même !... s'écria la brave femme en passant la main sur ses yeux humides.

— Et toi, ma petite Bavette ?

Bavette se jeta à son cou en pleurant...

— Eh bien, poursuivit madame de Vilers, je vous en prie, restez ici quelques jours encore ; prenez soin de Réjane ; protégez-la contre la colère du magnat... je me fie à vous pour cela... considérez-la comme votre fille...

— Mais, vous !

— Moi, je pars... pour quelques jours... j'ai une mission à remplir... je profite de la liberté momentanée que me laissent ces événements...

— Vous partez ?... s'écria maman Nicolo ; mais où allez-vous ?

— Vous le saurez plus tard.

Et après avoir fiévreusement embrassé maman Nicolo et Bavette, la marquise descendit, fit à la hâte seller un cheval dans l'écurie et partit au triple galop.

Le désarroi causé par l'enterrement des muets et par la disparition du magnat l'avait servie en ceci que personne n'avait fait attention à ses actions.

Maman Nicolo et Bavette étaient encore à la fenêtre, cherchant à l'apercevoir dans le lointain, quand le colonel et Maurevailles frappèrent à la porte.

Bavette leur raconta ce qui venait de se passer.

Maurevailles pâlit. Une idée terrible se fit jour dans son esprit :

— Si la marquise savait ce qui avait eu lieu entre Vilers et les Hommes Rouges ?... Si elle était partie pour s'ensevelir dans un cloître ou pour aller mourir dans un endroit inconnu, afin qu'on ne pût jamais avoir de ses nouvelles ?

Et il était impossible de courir à sa recherche. Le régiment allait se remettre en route pour ne plus s'arrêter cette fois ; car la rencontre avec l'ennemi était proche !

Comment et par qui savoir où était allée Haydée ?...

XXX

L'OISEAU DU NAIN

La diane sonnait. Un long frémissement parcourait le camp qui s'éveillait. D'un bout à l'autre du parc, les gardes-françaises, habillés à la hâte, empaquetaient au plus vite leurs effets, pliaient leurs tentes, rebouclaient leurs sacs... Il fallait partir...

Dans le château que venaient de quitter M. de Langevin et son état-major, le silence régnait. On se reposait des émotions et des fatigues des jours passés.

Seul, le nain ne dormait pas. Entr'ouvrant avec mille précautions la porte du réduit où il était relégué, il se glissa mystérieusement dans les couloirs. Il allait, assourdissant le bruit de ses pas, s'arrêtant à chaque minute pour écouter ; un sourire narquois fendait sa large bouche.

Il marcha ainsi jusqu'à l'office où il s'empara d'un pain et d'une cruche qu'il remplit d'eau.

— Frugal repas, murmura-t-il avec un rire muet.

Il reprit sa route à travers les corridors déserts.

Arrivé à l'aile où la veille Maurevailles avait cherché en vain la salle bardée de fer, il posa son pain et sa cruche et s'orienta. Puis il se mit à examiner, avec un soin scrupuleux, les boiseries des portes.

A la troisième porte, il s'arrêta en ayant l'air satisfait de lui-même.

— Voilà mon affaire, murmura-t-il, je trouve tout, moi, tout. Si l'Homme Rouge avait, comme moi, pris la précaution de faire une entaille à la boiserie en sortant, il ne se serait pas donné tant de mal pour ne rien trouver...

Il ouvrit la porte et alla ensuite chercher le pain et la cruche d'eau.

— Je suis plus malin qu'eux tous, continua-t-il en entrant. C'est comme la trappe ; qui est-ce qui trouverait ici une trappe ?...

Effectivement, cette trappe, admirablement dissimulée, était impossible à distinguer du reste du parquet.

Il alla à la cheminée, une grande cheminée monumentale en bois aux larges sculptures.

— Si je n'avais pas suivi le magnat, se dit-il, je ne l'aurais pas vu pousser le bouton... Où donc est-il, ce bouton ?... Ah ! le voilà !... Ouf !... Que c'est dur !...

Il appuya avec effort sur un des ornements de la cheminée. La trappe commença à glisser dans ses rainures.

— C'est qu'ils voulaient le mettre en liberté !... poursuivit le petit homme avec indignation. Ah ! non, il est à moi, bien à moi...

La trappe était tout à fait ouverte. Il se pencha sur l'orifice béant :

— Eh ! monseigneur ! cria-t-il.

Pas de réponse.

— Diable ! serait-il mort ?... C'est cela qui me chiffonnerait !... Je ne suis pas méchant, moi. Je voudrais lui laisser le temps de s'amuser un brin. Eh ! monseigneur, monseigneur, dormez-vous ?

La voix rauque du magnat s'éleva, furieuse :

— Qui m'appelle ?... Ah ! c'est toi, bandit, scélérat, misérable !...

— Bon, dit le nain, je vois que vous avez encore la force de crier. C'est bon signe !...

— Infâme, brigand, lâche, traître !...

— Allez, allez, déchargez votre colère, cela soulage. Tenez, moi, quand j'étais obligé de faire le muet, rien ne me remettait comme d'aller crier dans les coins.

— Je te ferai pendre !...

— Ça, vous l'avez déjà dit, c'est monotone. Il ne faudrait pas vous répéter... Et puis, voyez-vous, monseigneur, vous êtes injuste. Moi qui vous apportais la pâtée ! Car enfin, depuis que vous êtes là, vous devez avoir faim ?

Un sourd grognement lui répondit.

Quelle que fût la fureur du magnat, pris au piège comme un fauve et obligé de subir les insultes d'un valet, la tentation physique dominait le sentiment moral. La bête maîtrisait l'esprit... La faim domptait l'orgueil.

— Donne ! dit-il au nain qui lui offrait de quoi ne pas mourir de faim.

— Un beau petit pain, une jolie cruche pleine d'eau fraîche, dit celui-ci en descendant les provisions à l'aide d'une longue ficelle qu'il avait tirée de sa poche. En voilà assez pour faire un bon repas, frugal et substantiel...

Le magnat ne répondit pas. Il avait sauté sur le pain et mangeait avidement.

— Si vous voulez être bien sage, poursuivit le nain, je vous apporterai de temps en temps de la viande et du vin... quand je pourrai en voler à l'office. Mais, il faudra être bien mignon. Sinon, plus rien, rien que de l'eau... L'eau, ça calme les sens, tandis que le vin, ça excite.

— Écoute, dit le magnat, cherchant à fléchir son geôlier improvisé. Si tu veux me sortir d'ici, je te jure que je ne te ferai aucun mal...

— Tarare !... Votre premier soin serait de me faire brancher. Je suis bien plus sûr de vous comme nous sommes...

— Au contraire, continua le magnat, je te promets de faire ta fortune. Tu aimes l'or, tu en auras ; tu seras riche et puissant, tu deviendras un seigneur à ton tour ; sauve-moi, et tous mes trésors sont à toi !

— Bien sûr ?

— Sur mon âme, je te le jure !...

— Eh ! Eh ! dites donc, votre âme ? Elle ne me paraît pas en sûreté... C'est que ce n'est pas tout que de promettre. Si je vous demandais la lune, bien sûr que vous me la promettriez. Mais après avoir promis, il faut tenir et... je n'ai pas confiance.

Puis prenant un ton confidentiel :

— Et puis, voulez-vous que je vous dise la vérité ? Il y a longtemps que j'ai besoin de tourmenter quelqu'un. Les hommes sont comme ça. Depuis que je suis au monde, on m'a traité comme un chien, parce que je suis petit, parce que je suis laid, parce que je suis pauvre. Eh bien, je prends ma revanche... Je n'ai que vous pour cela. Tant pis, je vous garde !...

— Ah ! misérable bandit ! rugit le comte.

— Encore ? Ah ! ma foi, allez, ne vous gênez pas. Je n'ai rien à craindre de vous. Comme vous l'avez dit, la cage est solide, on s'userait les doigts avant d'attaquer ses murs de fer poli... Menacez à votre aise, je suis bon prince, je vous donnerai la réplique.

— Ne chante pas tant victoire. On s'apercevra de mon absence à la longue et on viendra me chercher !...

— Soyez tranquille, on s'en est déjà aperçu, et on vous a cherché partout. Mais c'est de bon ouvrage, votre mécanique ; on n'a rien découvert. On s'est dit que vous êtiez peut-être parti et on ne s'occupe plus de vous !...

— Mais le marquis de Langevin, mon hôte...

— Le marquis, il a cherché aussi, il n'a rien trouvé. Ce n'est pas comme moi, je trouve tout. Car, il faut que je vous raconte cela pour égayer votre captivité, c'est moi qui ai ouvert à M. de Maurevailles le passage secret pour aller enlever la marquise ; c'est moi qui l'ai encore ouvert pour la seconde expédition, où vos vrais muets ont été si bien étrillés. C'est moi enfin qui ai levé l'écluse et provoqué le courant qui a sauvé le marquis de Vilers et le caporal Tony... Eh ! eh ! eh ! n'est-ce pas que je travaille bien, quand je m'y mets?...

Le magnat écumait de rage.

— Là, là, ne vous mangez pas le sang comme cela ! ... conseilla paternellement le nain, vous allez vous faire du mal. J'en ai bien d'autres à vous apprendre. Vous allez voir. Et tenez, d'abord, entendez-vous ?

Un bruit sourd et régulier résonnait dans le lointain.

— Ce sont les tambours des gardes-françaises qui partent, reprit le nain. S'ils étaient moins loin, vous entendriez leurs chants joyeux.. comme vous disiez à Maurevailles, vous rappelez-vous?... Ils partent gaiement, avec leurs officiers, avec M. de Maurevailles, M. de Lavenay, M. de Lacy et... M. de Vilers. Ça vous fait enrager, ce nom ?... Ah ! mon bon seigneur, je vais vous dire quelque chose qui vous fera encore plus bondir. La marquise... vous savez bien ? celle que vous appeliez votre fille... Elle a pris la poudre d'escampette !

Ce ne fut pas un cri, ce fut un hurlement de jaguar qui sortit de la poitrine du magnat.

— Pour sûr, vous allez vous casser quelque chose dans le gosier, dit le petit homme. Eh bien oui, la marquise s'est enfuie. Ah ! c'est que, voyez-vous, depuis que vous vivez ici en reclus, il s'est passé bien des choses. On a signé la paix. Les Hommes Rouges ont arrangé leurs affaires. Le jour où le marquis de Vilers reprendra sa femme, où M. de Maurevailles épousera mademoiselle Réjane avec M. Marc de Lacy et M. de Lavenay pour témoins, je boirai et je mangerai joliment bien. Mais soyez tranquille, je vous apporterai, avant de me mettre à table, deux pains et deux cruches d'eau ! Vous aussi, vous ferez bombance !...

Le nain savait bien qu'on était encore loin de la réalisation des beaux rêves qu'il faisait tout haut. Mais il s'amusait tant à torturer son ancien maître !

Malheureusement il dut reconnaître qu'il avait dépassé le but. Le magnat en effet ne l'écoutait plus. En proie à des accès de rage insensée, il se roulait sur le sol en poussant des cris inarticulés.

— Diantre, diantre, se dit le petit drôle, aurais-je été trop vite en besogne ? Si le vieux devient fou, il n'y aura plus de plaisir à causer avec lui. Et puis, s'il crie comme cela, il va finir par se faire entendre de toute la maison. Or, si le traban arrivait, c'est moi qui passerais un mauvais quart-d'heure !...

Comme il pensait ainsi, des pas précipités retentirent dans le couloir.

Les cris du magnat redoublaient.

— Ouf ! dit le nain, fermons vite la trappe.

Il courut à la cheminée pour tirer le bouton, qui faisait jouer le ressort.

Mais il n'en eut pas le temps.

Au moment même où il mettait la main sur ce bouton, la porte s'ouvrit brusquement.

XXXI

LA DERNIÈRE HEURE A BLÉRANCOURT

Dans les explications qu'il donna au magnat, le nain n'avait raison qu'à moitié.

On allait partir, mais on ne partait pas encore.

Les tambours et les trompettes, dont le bruit, perçant les murs de la cage, parvenait jusqu'aux oreilles du comte de Mingréli, n'étaient point le signal du départ, mais annonçaient l'arrivée du maréchal de Saxe et de son escorte.

Car, on s'en souvient, c'était le maréchal de Saxe que les gardes-françaises attendaient à Blérancourt. Il devait prendre, en passant et sans s'arrêter, les deux régiments qu'en sa qualité de colonel-général, le marquis de Langevin avait sous ses ordres.

En arrivant au camp, le maréchal, du premier coup d'œil, vit qu'on était prêt à partir. Les hommes avaient l'arme au pied; les tentes étaient pliées, les voitures de bagages et de cantine attelées.

Un sourire de satisfaction éclaira le visage du maréchal, qui, apercevant le marquis de Langevin debout sur le front de bandière, se fit traîner jusqu'à lui pour le féliciter.

Maurice de Saxe, celui qu'on appelait, depuis Fontenoy, le glorieux maréchal, souffrait alors cruellement d'une épouvantable hydropisie qui, l'empêchant de monter à cheval et même de marcher, l'avait contraint à se faire fabriquer une petite carriole d'osier, dans laquelle on le roulait à la suite de l'armée.

Le beau tableau d'Henri Motte nous le montre ainsi commandant à Fontenoy. Sait-on que, après cette bataille, Louis XV donna au vainqueur le château de Chambord et quarante mille livres de rente ? On va voir si le maréchal était digne de cette récompense.

Quand l'illustre homme de guerre dut aller rejoindre à Blérancourt les régiments du marquis de Langevin, Voltaire, témoignant des inquiétudes sur sa précieuse santé, l'excita à rester à Chambord.

— Aller aux Pays-Bas, ce serait vous tuer, lui disait-il.

— Il ne s'agit pas de vivre, monsieur de Voltaire, lui répondit le maréchal ; il s'agit de partir.

Et il se mit en route dans sa petite carriole.

Or, c'est pendant que le maréchal et le colonel-général causaient ensemble, que le nain, prenant plaisir à torturer le magnat, lui avait porté le dernier coup...

Le vieillard se tordait, hurlant, au fond de la cage de fer où il eût laissé mourir Maurevailles et Réjane.

Le nain s'amusait énormément.

Mais qui venait ainsi, tout à coup, l'interrompre et peut-être venger sa victime ?

Le nain, voyant la porte s'ouvrir, s'était élancé dans la cheminée. L'imminence du danger lui avait suggéré une idée ; celle de grimper dans le tuyau où, petit et malingre, il se fût facilement glissé.

Mais, au milieu du tuyau, deux grosses barres de fer défendaient le passage.

Impossible d'aller plus haut.

Or, le nouvel arrivant n'était autre que Maurevailles.

Le chevalier, nous l'avons déjà dit, n'avait pu, sans répugnance, abandonner le magnat à cette mort affreuse. Il l'eût, sans remords, cloué de son épée contre une porte. L'idée de le voir mourir de faim le faisait frissonner.

Quand il s'était sauvé avec Réjane, il avait tenté vainement d'arracher le vieillard à ce sépulcre anticipé. Nous l'avons vu ensuite chercher, avec le marquis de Langevin, la chambre où était pratiquée la trappe, chambre qu'il n'avait pas trouvée, n'ayant pas eu, comme le nain rusé, l'idée d'en marquer la porte.

Profitant de l'heure de répit laissée au régiment avant le départ, Maurevailles revenait seul, pour porter une troisième fois, secours à son ennemi vaincu.

Comme il cherchait à s'orienter, des cris affreux frappèrent son oreille. C'était la voix du magnat qui, passant par la trappe ouverte, arrivait jusqu'au dehors.

Maurevailles n'hésita pas. Il ouvrit la porte par laquelle lui semblaient venir les cris.

Il aperçut la trappe ouverte. Quant au nain, il était toujours au milieu de la cheminée.

— Monsieur le comte, dit Maurevailles en se penchant sur la trappe, je viens vous sauver !

Il se releva frappé d'horreur. Le magnat, dans d'horribles spasmes, se roulait sur le sol sans paraître tenir compte des souffrances que devait lui causer sa jambe cassée, d'où à chaque mouvement jaillissait un sang noir. Une écume sanguinolente frangeait ses lèvres. Ses yeux fixes sortaient de leurs orbites ; sur son crâne dénudé, de rares cheveux blancs se dressaient... Il se traînait convulsivement, par saccades, hurlant plutôt qu'il ne criait, adressant d'une voix devenue inintelligible, à des êtres que lui seul voyait, des supplications, des insultes et des menaces ; frappant du poing les murs de fer et retombant découragé, en proférant un blasphème, pour recommencer la minute d'après.

— Oh ! c'est horrible ! s'écria Maurevailles.

A la voix du chevalier, le nain dégringola de la cheminée et s'élança vers lui, espérant recevoir ses félicitations.

— Une échelle, vite, une échelle ! lui commanda Maurevailles.

— Que voulez-vous faire ?

— Que t'importe ? Allons, vite, le temps presse !...

Dominé par l'accent impérieux de la voix du capitaine, le nain se hâta d'aller chercher une échelle mince et longue, que Maurevailles fit passer par la trappe.

Le nain n'avait pas été long à la trouver, mais les minutes étaient des siècles pour le magnat. En voyant l'extrémité de l'échelle, il poussa un cri de joie. Les bras tendus vers elle, dans l'attitude de l'extase, il la regardait descendre lentement...

Quand le premier échelon arriva à hauteur d'homme, le vieillard galvanisé fit un effort surhumain : il se releva sur sa seule jambe valide et saisit fiévreusement le pied de l'échelle. S'y cramponnant comme un noyé se cramponne à la corde qu'on lui jette, il appliqua inconsciemment un baiser furieux à l'instrument de son salut...

Mais tout à coup les nerfs se détendirent. Un son rauque s'exhala de son gosier. Il lâcha l'échelle, battit l'air de ses deux bras et tomba comme une masse.

Il était mort.

La rage, causée par l'insuccès de ses projets et par les insultes du nain, avait encore aigri son sang... Les efforts qu'il avait faits pour se sauver avaient aggravé sa blessure... Le mal physique et le mal moral ayant réuni leurs atteintes, une attaque de tétanos venait d'emporter le magnat.

— Allons, dit Maurevailles, il n'y a plus rien à faire. Au bout du compte, il vaut peut-être mieux qu'il en soit ainsi. J'ai tenté tout ce que j'ai pu pour lui porter secours. Sa mort ne pèsera pas sur ma conscience...

— Ni sur la mienne non plus, ma foi, dit en ricanant le nain.

— D'ailleurs, pensa le chevalier, il me semble inutile de faire savoir ce qui vient de se passer... L'armée va partir, je ne puis rester plus longtemps. Le magnat est mort et ne mérite guère qu'on se dérange pour lui faire des funérailles. Il est bien ici, ajouta-t-il tout haut, qu'il y reste.

— Amen, dit le nain en repoussant la trappe et en suivant Maurevailles qui avait gagné la porte. Si jamais on le trouve, je veux bien devenir cardinal!... s'écria-t-il, en sortant, avec un éclat de rire.

Le capitaine s'éloigna à grands pas pour rejoindre sa compagnie. Le nain resta seul.

— Voilà le maître enterré, se dit-il. Personne ne sait où il est. C'est le traban qui va s'occuper de diriger le château. Or, comme le traban commence à croire que le vieux est parti avec la marquise, il va bientôt se consoler de l'absence de son maître avec son système habituel, l'eau-de-vie de Dantzig... Chacun son goût ; moi je préfère le vin de France... Mais, en attendant, nous allons être, à nous tous, les maîtres, les vrais maîtres du château. Nous allons bien nous amuser !

Les tambours battirent aux champs. Avant le départ, le maréchal et le marquis passaient devant les troupes.

— Ça m'émotionne, murmura le nain, d'entendre ces tambours. Pour un rien, si je n'étais si petit, je m'enrôlerais dans les gardes-françaises, avec les Hommes Rouges... Malheureusement, il faut cinq pieds six pouces et je n'ai guère plus que les deux tiers de la taille... Si cette brave maman Nicolo voulait de moi pour employé ?

Il était arrivé aux cuisines et profitant de nouveau du désarroi général, il se versait coup sur coup de grands verres de vin de Bourgogne.

— Vrai Dieu ! disait-il tout haut avec un enthousiasme croissant... C'est une belle femme, maman Nicolo, haute en couleur et bien plantée... Elle a des bras solides et ferait joliment respecter l'homme qui saurait lui plaire. Et pourquoi ne lui plairais-je pas ? Sarpejeu, pour n'être pas aussi long que tous ces escogriffes, je n'en suis pas plus laid... et puis, je suis un malin, moi !... Eh ! eh ! j'ai envie d'aller demander maman Nicolo en mariage !

Il avala une nouvelle rasade. Sa figure blème prit des tons violacés.

— Positivement, continua-t-il, on s'ennuie au château. On n'a personne avec qui causer... Je ne suis pas bavard, mais je sais parler quand il le faut. Ici, il n'y a que des infirmes... pouah ! vilaine société ! A l'armée, au contraire, il y a de bons vivants, buvant sec et souvent... Je ne suis point ivrogne, mais j'aime à boire un verre de vin avec un ami... Quand j'aurai épousé la vivandière, je pourrai trinquer avec mes amis, avec les gardes françaises, tant que cela me fera plaisir !... Hourra ! c'ést dit, j'épouse maman Nicolo !...

Le bout d'homme, se levant tout titubant, sortit du château afin d'aller exposer sa demande. Sous l'influence du bourgogne, il voyait tout en rose et ne doutait pas un seul instant qu'on pût le refuser.

Mais, en bas une singulière surprise l'attendait.

Tandis que d'un côté les gardes-françaises défilaient pour rejoindre la frontière, de l'autre, dans le carrosse du marquis de Langevin, le carrosse qui suivait l'armée et où, en temps ordinaire, selon l'usage de l'époque, le colonel passait la nuit, maman Nicolo, Bavette et Réjane se disposaient à partir du côté de Paris.

Ne sachant ce qu'était devenue madame de Vilers, le colonel n'avait pas voulu laisser la pauvre enfant, toujours folle, aux mains de l'intendant du comte. Ne pouvant pas non plus l'emmener avec lui, il avait offert son carrosse à maman Nicolo pour la reconduire à Paris, à l'hôtel de Vilers, où se trouvait toujours le bon Joseph dont la pauvre enfant parlait souvent. La même voiture, en rejoignant l'armée, y ramènerait la vivandière et sa fille.

Les projets matrimoniaux du nain étaient, sinon brisés, du moins indéfiniment ajournés.

— Peuh ! se dit-il avec la philosophie de l'ébriété, je vais rester au château... Si je m'y ennuie, j'irai rejoindre les soldats au pays des têtes carrées !...

Il rentra à Blérancourt et, du haut des remparts, suivit longtemps des yeux le régiment qui s'éloignait.

. . . .

En route, le marquis de Langevin, voyant marcher près de lui, triste et abattu, le pauvre Tony qui, de Paris, était parti avec tant d'enthousiasme, lui demandait malignement :

— Penserais-tu donc à Bavette, enfant ?

Tony rougit. Mais il répondit :

— Non, pas en ce moment. Je cherche à deviner où peut être allée la marquise...

Pendant ce temps, Lavenay disait à Maurevailles :

— Tu es content, toi ?...

— Content ? Entre la marquise et moi, se place l'image de la pauvre petite Réjane, devenue folle...

Ah ! je voudrais que la première balle fût pour moi...

Et Lacy ajouta :

— N'allons-nous pas apprendre, en arrivant dans les Pays-Bas, comment s'est fait tuer pour nous ce pauvre Vilers ?

Et, pendant ce temps-là, les hommes chantaient joyeusement, se réjouissant de chaque pas qui les rapprochait de l'ennemi...

DEUXIÈME PARTIE

LE BARON DE C***

I

LES SECONDS GALONS DE TONY

On s'était battu tout le jour, malgré une pluie froide et pénétrante qui n'avait cessé de tomber depuis le matin.

C'était dans les Pays-Bas, et le fort des Cinq-Étoiles avait été emporté par l'armée française après une journée des plus meurtrières.

Le maréchal de Saxe avait fait occuper le fort, comme la nuit tombait, par le marquis de Langevin, en se contentant de lui adresser cette laconique recommandation :

— Il faut vous maintenir, quoi qu'il arrive.

— C'est bien, avait répondu le marquis, nature énergique et vaillante, en dépit de ses fréquents accès de goutte.

Le maréchal, en entrant en campagne, avait médité un plan hardi qu'il nous faut expliquer en quelques mots.

Ce plan consistait à couper en deux l'armée impériale qui occupait dans tous les Pays-Bas des positions formidables.

Le fort de Cinq-Étoiles, qui venait de tomber au pouvoir des Français, était, dans la pensée du maréchal, destiné à opérer une diversion puissante en occupant l'attention des Impériaux, tandis que le maréchal se transporterait à marches forcées vers les places les plus fortes.

Le marquis de Langevin prit donc possession de ce fort avec son régiment, une batterie d'artillerie commandée par M. de Richoufft, capitaine au régiment de La Fère, et le premier escadron du régiment de Bourgogne-cavalerie.

Après quoi il assembla ses officiers et tint conseil.

— Messieurs, dit-il, nous avons vingt-cinq mille hommes autour de nous et nous sommes environ cinq mille.

Si les Impériaux tentent de nous reprendre le fort, nous tiendrons cinq ou six jours au plus, attendu qu'il leur sera facile de couper toutes communications entre nous et la France. Or, au bout de cinq ou six jours, comme une garnison française ne se rend pas, il faudra nous faire sauter.

— Nous sauterons, dit M. de Richoufft.

— Un instant, reprit le marquis. Délibérons, s'il vous plaît.

M. de Langevin avait si souvent montré une habileté merveilleuse et une science stratégique des plus remarquables, qu'il n'était pas, dans l'armée française, un seul officier qui n'eût en lui une confiance sans bornes.

Aussi lui prêta-t-on sur-le-champ une vive attention.

— Messieurs, reprit le marquis, il y a à l'ouest, à une lieue d'ici, un fort autrement redoutable que la bicoque où nous sommes, c'est le burg du Margrave, situé en pleine forêt.

— C'est vrai, dirent plusieurs officiers qui avaient déjà fait la guerre contre les Impériaux et connaissaient les plus petits recoins des Pays-Bas.

— Le burg du Margrave, continua M. de Langevin, est une forteresse bâtie sur un rocher. Une garnison de mille hommes y tiendrait en échec, tant qu'elle aurait des vivres, toutes les armées du monde.

Un officier de l'état-major du marquis secoua la tête.

— Par conséquent, dit-il, on ne saurait songer à s'en emparer.

— Bah ! fit le marquis.

Et comme l'officier le regardait avec un air d'étonnement :

— Tenez, dit-il, moi qui vous parle, j'ai mis dans ma tête que le burg du Margrave serait à nous.

— Ah ! fit un vieil officier, c'est difficile, général.

— Et pas plus tard que la nuit prochaine...

Les officiers hochèrent la tête.

— Messieurs, dit le marquis, il nous le faut.

— Et vous l'aurez, s'écria un jeune homme.

C'était un cadet, un simple cornette du régiment de Bourgogne, un garçon imberbe et qui n'avait pas vingt ans.

Le marquis le regarda.

— Tiens, dit-il, c'est vous, du Clos.

Le cornette du Clos était un jeune gentilhomme fort riche, fort brave, qui n'avait que dix-huit ans quand il s'était déjà distingué dans trois batailles rangées.

— C'est moi, général, répondit-il avec assurance.

— Vous prendrez le fort du Margrave, mon jeune coq ?

— Je le prendrai.

— Hé ! hé ! fit le marquis, il n'y a rien d'impossible à cela ; car, vrai Dieu ! la victoire est une catin qui a toujours eu un faible pour la jeunesse.

Les vieux officiers rongeaient leurs moustaches et souriaient d'un air plein d'incrédulité.

— Eh bien, dit le colonel, qui s'y connaissait en hommes et jugeait les braves d'un coup d'œil, je veux bien compter sur vous, du Clos. Nous allons délibérer sur vos moyens d'action !

Mais le cornette fit la moue :

— Sauf le respect que je dois à mon général, dit-il, je lui ferai observer que je désire agir absolument à ma guise.

— Ah ! ah !

— Et si on veut me donner dix hommes.., reprit le jeune du Clos.

— Pour quoi faire ? demanda le colonel de Langevin.

— Mais, dit le cornette avec sang-froid, pour prendre le fort.

Cette fois, les vieux officiers qui entouraient le marquis se mirent à rire de tout leur cœur.

— Dix hommes que je choisirai, ajouta le cornette avec calme.

Et comme on riait toujours, il ajouta :

— Commandés par un sergent.

— Quel sergent ?

— Ah ! mon général, dit le cornette, mon sergent n'est encore que caporal ; mais je vous supplie de le faire sergent pour la circonstance.

— Comment le nommez-vous ?

— Il s'est battu tout le jour comme un lion et il a tué de sa main un officier impérial qui avait six pieds.

— Mais... son nom ?

— Il a dix-sept ans, continua du Clos.

— Ce cornette est fou, murmura un capitaine qui tortillait sa moustache blanche.

— Et, poursuivit le cornette, je vais le présenter à Votre Seigneurie. Sur ce, le cornette souleva la portière de la tente et dit au soldat de planton :

— Allez me quérir le caporal Tony.

— Tony ? fit M. de Langevin étonné.

— Oui, mon général.

— Vous voulez le faire sergent ?

— S'il plaît à votre Seigneurie.

— Mais c'est un enfant...

Et, tout en faisant cette réflexion, le marquis de Langevin laissait percer sous sa moustache un sourire de satisfaction. Il était fier de son Tony.

— Bah ! dit le cornette, je l'ai vu à l'œuvre et je réponds, mon général, qu'il est dans le chemin par où passent les maréchaux de France !...

— Décidément, murmura le capitaine à la barbiche blanche, c'est le monde renversé ! On fait des sergents de dix-sept ans et on charge les cornettes de prendre des forts !...

Tandis que le vieil officier maugréait, le caporal Tony entra.

— Tony, lui dit froidement le colonel-général, le cornette du Clos vous a vu au feu et me demande pour vous les galons de sergent. Je vous les donne.

— Mon colonel ! s'écria le jeune homme avec effusion.

— Vous me remercierez en vous battant mieux encore.

Et se tournant vers le cornette du Clos, le marquis ajouta :

— Eh bien, soit, du Clos, prenez avec vous Tony, je veux vous laisser tout l'honneur et tout le soin de votre entreprise.

Du Clos s'inclina en signe de reconnaissance et se retira pour réunir les dix hommes qu'il avait demandés.

II

MM. LES POMMES DE TERRE

Si le cornette du Clos n'avait voulu faire connaître son plan ni au maréchal ni au marquis de Langevin, c'était par suite de deux sentiments bien opposés : la modestie et la vanité.

On en aura la preuve tout à l'heure.

A l'arrivée du régiment de Bourgogne auprès des Cinq-Étoiles, le jeune cornette s'était dit que, malgré son joli nom, le lieu manquait de charme.

Les promenades en forêt ou sur l'Escaut, outre qu'elles étaient dangereuses, lui semblaient fort monotones. Du Clos n'était pas grand buveur ; il n'aimait ni les cartes ni les dés... En dehors de la bataille et des jours de grand'garde, il voyait peu de chances de passer gaiement la campagne.

Mais voilà qu'aux environs du camp, il avait un soir rencontré une fillette rose et blonde, au front pensif, aux cheveux cendrés tombant en longues nattes sur son corsage de velours brodé, la plus appétissante des Greetchen passées, présentes et à venir.

Était-ce l'occasion tant désirée ?.

— Parbleu, se dit le jeune homme, si les gardes-françaises, nos joyeux compagnons, prétendent que chez eux : *On fait l'amour, tout le jour...* je ne vois pas pourquoi le régiment de Bourgogne n'aurait pas les mêmes privilèges... Palsembleu, la jolie fille ! Il serait dommage de la leur laisser... Du diable, si je ne lie pas tout suite connaissance avec elle.

Et, frisant sa petite moustache blonde, du Clos pressa le pas pour rejoindre la fillette.

— Elle doit s'appeler quelque chose comme Bettina, Roschen ou Gestraut, se dit le cornette, essayons un de ces noms.

— Eh, *mamsell* Bettina ! cria-t-il.

La jeune fille se retourna en riant.

— *Nicht Bettina...*, *Lisbeth !* dit-elle en montrant ses dents blanches.

— Parbleu, je ne me trompais qu'à moitié, s'écria du Clos enchanté, et sans se déconcerter.

— *Wo gehen Sie* (où allez-vous), belle Lisbeth ? reprit-il en allemand, ne voulez-vous pas me rendre mon cœur que vous m'avez ravi au passage ?

Ce compliment à brûle-pourpoint flatta la jeune fille, qui s'arrêta pour causer avec du Clos. Le jeune officier ne parlait pas très couramment l'allemand, mais en savait suffisamment pour se faire comprendre. Du reste, Lisbeth semblait pleine de bonne volonté, et le patois du cornette provoquait à chaque minute des éclats de rire qui lui donnaient occasion de montrer ses dents, dont elle devait être très fière.

Au bout de cinq minutes, du Clos et elle étaient les meilleurs amis du monde. Mademoiselle Lisbeth avait avoué à son adorateur qu'elle n'était qu'une simple employée des cuisines au burg du Margrave Karl von Lichtberg, où l'on vivait fort gaiement, dans la certitude où l'on était que jamais les Français n'oseraient s'y frotter. Du Clos avait juré à la jolie allemande que la modestie des fonctions dont elle était chargée ne diminuerait en rien l'ardeur de son amour.

Bref, on s'était donné un rendez-vous, bientôt suivi d'un deuxième, puis d'un troisième. Tandis qu'une garnison très faible gardait le burg, Lisbeth et ses compagnes sortaient pour l'approvisionnement, n'ayant rien à craindre des Français, et prenant, pour rentrer au château, les précautions nécessaires afin d'éviter une surprise.

Peu à peu, le jeune cornette, à qui Lisbeth disait beaucoup de mal de son seigneur le Margrave, avait réussi à obtenir d'elle la permission d'aller la voir dans le burg. Là-dessus, il avait formé son plan, et c'était ce plan qu'il allait exposer à ses compagnons d'aventure.

Mais, ainsi que nous l'avons fait entendre, il

lui répugnait, d'un côté, par modestie, de dire que c'était à l'amour d'une femme qu'il devait le moyen d'entrer dans le burg ; de l'autre côté, un sentiment d'orgueil lui faisait taire qu'il était l'amant d'une servante.

Du Clos rassembla donc ses hommes.

— J'ai trouvé, leur expliqua-t-il, le moyen d'avoir des intelligences dans la place, et je puis y pénétrer quand je voudrai, à la condition, naturellement, de me déguiser.

Mais il ne me suffit pas d'y entrer seul. Il faut que je vous y amène avec moi.

Je parle assez bien l'allemand pour arriver, en étant sobre de paroles, à me faire passer pour un naturel du pays. Je vais donc m'habiller en paysan. Cinq d'entre vous, les plus grands, se costumeront de même.

Ces cinq-là auront chacun un sac sur les épaules. Dans chaque sac, il y aura un homme.

Ceci réglé, je me présente à la nuit tombante à la poterne de service.

— Qui êtes-vous et que voulez-vous ? demandera-t-on probablement.

Vous ne broncherez pas. Je répondrai :

— J'apporte des pommes de terre, achetées par mademoiselle Lisbeth pour les cuisines.

Il est à croire qu'on répliquera :

— Où est votre voiture ?

Je dirai que je n'en ai pas, et que mes serviteurs portent les sacs.

Là-dessus nous entrons, sans attendre qu'on nous y invite.

Une fois entrés...

— Parbleu ! une fois entrés, s'écria joyeusement Tony, nous trouons les sacs et la danse commence. Par la mort-Dieu ! monsieur du Clos, vous êtes un grand homme...

— Alors, mon plan vous va ?...

— C'est-à-dire que si je n'avais été de l'expédition, je me serais pendu de rage...

— Eh bien, sergent Tony, car vous êtes sergent, maintenant...

— Grâce à vous, monsieur du Clos, qui, je l'espère, serez demain matin lieutenant ou capitaine...

— Ou tué ! dit en riant le jeune cornette.

— Oh ! ne parlez pas de cela.

— Peuh ! mon ami, c'est le sort auquel doivent s'attendre tous ceux qui vont en guerre. Il faut qu'il en meure beaucoup pour faire de la place aux autres... Mais organisons notre expédition. Qui habillons-nous en paysans ?

Il y avait là quatre soldats du régiment de Bourgogne et quatre gardes-françaises : on n'avait pas voulu qu'il y eût de la jalousie entre les deux régiments.

— Eh ! là-bas, toi, tu m'as l'air d'un homme solide, dit du Clos à l'un des gardes. Comment te nomme-t-on ?

— C'est le Normand, dit Tony, un brave dont

je réponds. En outre, taciturne en diable, il ne nous trahira point par ses paroles.

— En paysan, le Normand.

Le gascon La Rose était près de son ami et allait, comme lui, prendre un des costumes. Tony l'arrêta :

— Ah ! non pas ! s'écria-t-il, tu as la langue trop bien pendue, toi, mon ami La Rose. Dans le sac, mon camarade, dans le sac.

Tous les soldats se mirent à rire. En un clin d'œil, les autres rôles furent distribués.

— Du reste, mes enfants, fit observer du Clos, il ne faut pas vous le dissimuler, le rôle de pomme de terre vaut aujourd'hui le poste d'honneur. En cas d'alerte, les autres peuvent se sauver ; ceux qui seront enfermés sont perdus sans ressources.

— Sans compter, ajouta Tony, qu'il peut prendre fantaisie, à une de ces brutes allemandes, de piquer un des sacs pour voir si les pommes de terre sont de bonne qualité. Il ne faudrait pas qu'il en sortît un *cape de dious* ou un *sandis*. Entends-tu, Gascon ?

— Mordi ! s'écria La Rose, ils peuvent bien me faire bouillir ou cuire sous la cendre, je mets un cadenas à ma langue !...

III

A L'ŒUVRE

Tout le monde était prêt. On partit doucement, chacun des faux paysans portant son sac dans lequel était un homme, muni des armes et de celles de sa monture... nous voulons dire : de son compagnon.

Arrivé à quelques pas de la poterne, du Clos commanda halte.

— Ainsi, c'est bien entendu, dit-il à demi-voix. Une fois entrés, vous posez les sacs. Au signal que je donnerai, chaque pomme de terre, d'un coup de sabre, fend la toile et se dresse, les porteurs ramassent leurs armes, et nous nous élançons tous sur la garnison. Ceux qui résistent, à mort ; les autres, prisonniers !

Puis, s'avançant seul, du Clos alla frapper à la poterne.

— *Wer ist da* (qui est là ?) demanda une voix de femme.

— *Ich, liebe* (moi, ma chère), répondit du Clos.

C'était Lisbeth, qui, ayant reconnu de loin le faux paysan, avait accompagné l'intendant du burg jusqu'à la poterne.

Néanmoins, comme elle n'avait aucun intérêt à livrer son amant, ce qui l'eût perdue elle-même, tout se passa comme le jeune officier l'avait prévu.

Lisbeth s'étonna bien un peu de la présence de cinq témoins à une visite qu'elle prenait pour un rendez-vous d'amour ; mais elle crut comprendre que c'était pour mieux jouer son rôle que du Clos les avait amenés.

— Entrez, dit l'intendant.

— *Kommen Sie hinein* (venez en dedans) ! cria du Clos à ses hommes.

Les cinq paysans défilèrent avec leurs sacs devant la sentinelle qui riait d'un gros rire et se frottait les mains. Cet homme, assurément, aimait les pommes de terre.

La porte se referma. Les Français étaient dans la place.

— Déposez-là vos sacs, mes braves gens, dit Lisbeth qui avait hâte d'être seule avec son ami. On va vous donner un bon moos aux cuisines ; pendant ce temps, votre patron ira se faire payer.

Les cinq sacs furent posés avec précaution le long du mur.

L'intendant mettait déjà la main à son escarcelle...

— Allons ! s'écria du Clos en bondissant sur l'Allemand sans défense.

— Wer da ? voulut s'écrier le malheureux intendant ; mais il n'en eut pas le temps. Le mouchoir de l'officier, plié à l'avance, venait de lui clore hermétiquement la bouche, pendant qu'un soldat, lui saisissant les deux bras, le ligottait rapidement.

Et, comme par enchantement, les cinq sacs éventrés mirent au jour les cinq soldats armés jusqu'aux dents.

Lisbeth n'en revenait pas...

— Place gagnée, dit joyeusement du Clos. Le plus fort est fait. Avec un peu d'adresse maintenant, le margrave est à nous.

— Sandiou ! fit La Rose, ce n'est pas trop tôt ; j'étouffais dans ce maudit sac... Je me figurais tout le temps que j'étais capucin ou qu'on me portait en terre.

— Silence et dépêchons-nous, dit Tony. Où est l'appartement du margrave ?

— Lisbeth va nous le dire. Allons, Lisbeth.

Lisbeth était plus morte que vive. Cependant elle aimait trop du Clos pour lui résister ; elle lui indiqua le chemin qu'il fallait suivre.

Le jeune officier s'élança le premier.

Mais à peine avait-il tourné le coin du premier couloir, qu'il tomba en poussant un cri.

Un homme posté dans l'ombre l'avait frappé d'un coup de poignard en pleine poitrine.

En même temps, des soldats débouchaient de tous les côtés en criant : Mort aux Français !

La garnison qu'on croyait surprendre était sur ses gardes.

On avait été trahi.

Mais par qui ?

Hélas ! l'amour de Lisbeth, qui avait servi du Clos dans son entreprise, lui avait créé, sans qu'il s'en doutât, un mortel ennemi.

Il y avait, dans le burg, un sergent de reîtres qui était épris fortement des charmes de la belle cuisinière.

Autrefois, elle avait semblé répondre à sa flamme, mais, un beau jour, elle lui avait nettement déclaré qu'il eût à renoncer à tout espoir.

Le sergent, désolé, s'était creusé la tête pour découvrir la raison de ce changement.

Il avait suivi Lisbeth et l'avait vue causer avec un officier français.

Sa rage s'était accrue d'autant. Cependant il n'avait rien dit, voulant accomplir lui-même sa vengeance.

Continuant à épier la jeune fille, il la vit guetter le faux paysan et se rendre à la poterne avec l'intendant. Il la suivit.

Il ne s'était pas trompé : le chef de ces paysans était bien son rival.

En fallait-il plus pour prévoir quelque piège !

Il courut rassembler la petite garnison du burg :

— Camarades, dit-il sans dénoncer la jeune fille,

nous sommes trahis. On a ouvert aux Français la porte du château. Il est trop tard pour les empêcher d'entrer ; mais il faut qu'aucun d'eux n'en sorte !

Se doutant bien que les assaillants iraient tout d'abord s'emparer du margrave, les Allemands s'étaient postés sur le seul passage à suivre. Quand le pauvre du Clos se présenta le premier, ce fut l'amoureux de Lisbeth qui, de sa propre main, le renversa sanglant à ses pieds.

Oublieux du danger qu'il courait lui-même, Tony s'était précipité sur le corps de du Clos, essayant de lui porter secours.

— Inutile, ami, murmura doucement celui-ci. Je t'avais bien dit que je serais tué... Laisse-moi et ramène tes soldats qui vont plier... Songe à la patrie...

Et, se soulevant sur le coude, il cria :

— Vive le Roi !...

Puis, épuisé par cet effort, il tomba pour ne plus se relever.

Surpris par la brusque attaque des Allemands, nos soldats avaient reculé. Au cri de du Clos expirant, La Rose répondit par un juron formidable :

— Cape de Dious ! s'écria-t-il, que le tonnerre m'écrase si, avant de sauter le pas, je n'en tue pas une demi-douzaine ! En avant !...

— En avant !... répéta le Normand.

Les soldats s'étaient ralliés. Tony ramassa l'épée échappée aux mains défaillantes du pauvre du Clos :

— Soldats, dit-il d'une voix ferme, notre chef est mort bravement. Comme sergent, je le remplace, et je ferai comme lui, s'il le faut. Mais, avant tout, il faut le venger. Il faut vaincre... En avant, pour le Roi et pour la vengeance !

— Vengeance ! s'écrièrent les Français.

— Mort aux Français, répondirent les Allemands.

La lutte s'engagea, terrible, désespérée ; la garnison du burg, massée, barrait complètement le passage. Les dix Français avaient un véritable siège à faire.

Mais ils se ruèrent sur leurs adversaires avec une telle furie que les premiers rangs furent culbutés et que trois des Allemands tombèrent mortellement frappés.

Un seul des Français, un soldat du régiment de Bourgogne, nommé Ladrange, avait été blessé dans ce premier choc. Un coup de feu lui avait cassé le poignet droit. Mais, empoignant son sabre de la main gauche, il était revenu à la charge avec une fureur croissante.

Une seconde fois, les Français s'élancèrent ; les Allemands ne les attendirent pas et s'enfuirent dans toutes les directions.

On leur donna la chasse. Quelques-uns, acculés, se firent tuer, les autres se rendirent.

Tony, ivre de joie, planta le drapeau français

sur la tour du burg, avertissant ainsi par ce signal le maréchal de Saxe et le colonel de Langevin qu'ils pouvaient entrer dans la forteresse.

Un quart d'heure après, elle était régulièrement occupée, et l'ancien commis à mame Toinon, dont les soldats chantaient les louanges, recevait de Maurice de Saxe les plus éclatantes félicitations.

Mais le jeune sergent, sans répondre, montra au maréchal le cadavre du pauvre du Clos, auprès duquel Lisbeth, agenouillée, priait en répandant d'abondantes larmes.

— Du Clos est mort en brave, au champ d'honneur, prononça solennellement le général en chef des armées sur l'Escaut. Il lui sera fait des obsèques dignes de sa bravoure.

Quant à vous, sergent Tony, qui l'avez si bien et si dignement remplacé au danger, vous pouvez le remplacer également bien dans son grade. Messieurs, il n'y a pas de vide dans les rangs de Bourgogne, le cornette Tony sera reconnu demain matin par son régiment.

— Qui? moi... déjà officier!...

— Pourquoi pas ? Vous vous êtes montré digne de remplir le grade, il est juste que vous l'occupiez...

— Allons, Tony, dit au nouveau cornette le colonel de Langevin, tu rêvais d'être général... et voilà un grand pas de fait.

— Mais il va falloir vous quitter, mon colonel ?

— C'est vrai et je le regrette ; mais tu me reviendras ; au train dont tu marches, je puis te promettre la première lieutenance libre chez nous, et, sois tranquille, les Impériaux se chargeront de te faire une vacance...

— Ah ! si mame Toinon me voyait !...

A ce moment un grand bruit se fit à la porte de la salle. Les officiers qui entouraient Tony en le félicitant furent violemment écartés. Une femme entrant comme la foudre, en bousculant tout, alla se pendre au cou de Tony qu'elle embrassa bruyamment.

Cet ouragan en jupons, avons-nous besoin de le dire, c'était la pétulante mame Toinon.

Depuis le départ du régiment, la jolie costumière ne vivait plus... Elle pensait à Tony, son petit Tony qui allait se battre tous les jours et qu'elle avait peur de ne plus revoir.

Où était-il ? Que disait-il ? Que faisait-il ? Pensait-il encore à elle ? Hélas !...

Sa rue des Jeux-Neufs, qu'elle aimait tant, lui semblait triste à mourir : Tony ne l'habitait plus! Sa boutique si gaie, lui paraissait une prison. Tony n'y était plus.

— Bref, dit-elle en racontant cela, je n'ai fait ni une ni deux. Je suis allée prendre langue à l'hôtel de Vilers...

— A l'hôtel de Vilers?... interrompit Tony, qui, pendant le flux des paroles de sa mère adoptive, n'avait pas trouvé moyen de placer un mot. Et que se passe-t-il à l'hôtel de Vilers ?

— J'y suis arrivée juste au moment où madame Nicolo et sa fille amenaient cette pauvre demoiselle, la sœur de la marquise, qui a perdu la raison... Pauvre enfant ! En voilà un grand malheur !... Mais que veux-tu ? ce qu'il me fallait, c'était de tes nouvelles. J'en ai eu... et des bonnes... Ces dames allaient repartir pour l'armée ; il y avait une place dans le carrosse... Ah ! ma foi, tant pis, j'ai dit adieu au quartier Montmartre et me voilà !...

Et l'excellente femme planta un baiser retentissant sur la joue du jeune homme.

Tony était rouge comme un coq... non qu'il eût honte de mame Toinon ; mais il craignait que les officiers ne trouvassent étrange cette tendresse de la part d'une femme de trente-quatre ans envers un garde-française de dix-sept.

Mais mame Toinon était gentille à croquer, dans le désordre de sa toilette de voyage, et on pardonne beaucoup aux jolies femmes...

Derrière mame Toinon cependant arrivaient maman Nicolo et Bavette. Avec sa pétulance habituelle, la costumière avait pris les devants et était tombée comme une bombe dans le château.

Maman Nicolo savait mieux le respect que l'on doit à la consigne et elle attendait avec sa fille que le marquis de Langevin leur fît dire de venir.

A leur arrivée au camp, on leur avait raconté le coup de main dont Tony et ses hommes avaient été les héros.

Au récit des dangers que le jeune homme avait courus, Bavette, toute troublée, s'était mise à pleurer... Puis, en apprenant la promotion de celui qu'elle aimait au grade de cornette, elle était devenue toute songeuse.

Certes, elle était fière pour lui de cette fortune rapide. Mais, en songeant que si elle était fille du marquis de Vilers, elle avait pour mère la cantinière Nicolo, elle se demandait si Tony, devenu un brillant officier, ne se trouverait pas trop haut placé pour elle :

— Ne dédaignera-t-il point la bâtarde ? se disait-elle avec un soupir...

IV

LA POURSUITE

Pendant la marche du corps d'armée, tout le long de la route, Lavenay, Lacy et Maurevailles s'étaient enquis de ce que pouvait être devenu Vilers.

Il était parti en disant qu'il allait se faire tuer. Avait-il tenu sa sinistre promesse ?

Dès les premières étapes, ils purent constater qu'il se dirigeait bien vers la frontière, car à chaque endroit ils retrouvaient les traces de son passage.

— Oui, leur disaient les paysans, les hôteliers, les gardes qu'ils consultaient tour à tour, oui, nous avons vu passer un officier des gardes-françaises. Il semblait même fort pressé, car il se renseignait sur toutes les distances et sur l'état des chemins, afin, disait-il, de pouvoir doubler les étapes.

Vilers marchait donc à la mort à toute vitesse.

Malgré eux, ses amis ne pouvaient s'empêcher de le plaindre. Si bon, si brave, renoncer à une femme adorée et chercher la mort dans les rangs ennemis...

Ah ! n'eût été leur serment, ce serment affreux et solennel, prononcé devant Fraülen et renouvelé à Blérancourt après tant d'événements terribles !... Sans ce serment qu'ils ne voulaient pas violer, eux, ils eussent couru après Vilers pour lui dire :

— Ne te sacrifie pas. Reste avec nous, qui sommes tes amis, comme autrefois.

....

A la cinquième journée de marche, on perdit ses traces.

Mais, comme les trois Hommes Rouges se demandaient où il était passé, un paysan leur fit comprendre qu'il y avait une route beaucoup plus directe que celle qu'ils suivaient, mais aussi moins praticable.

Évidemment, Vilers, n'ayant entendu parler que de l'avantage de cette route, l'avait prise.

Les capitaines se dirent qu'en arrivant sur la rive de l'Escaut, ils apprendraient sa mort glorieuse.

Pourtant, au camp de Cinq-Étoiles, Lavenay, Maurevailles et Lacy, qui s'étaient séparés pour aller aux renseignements de divers côtés, n'en recueillirent aucun qui pût leur faire supposer que M. de Vilers eût été tué.

Il est vrai qu'il n'y avait encore eu que des combats d'avant-postes, des escarmouches sans gravité...

— Il n'a sans doute pas jugé digne de lui d'y mourir, dit Lacy.

— A moins qu'il ne se soit joué de nous ? répliqua Maurevailles.

— Dans quel but ? demanda Lavenay.

— C'est vrai. Au bout du compte rien ne le forçait de venir nous trouver pour faire amende honorable et renouveler son serment.

— Rien.

— Alors que peut-il être devenu ?

— Je ne sais. Peut-être lui sera-t-il arrivé quelque accident en route.

— Ou bien, attendez donc, fit observer Marc de Lacy, il me vient une idée. Si Vilers s'était fait tuer, non comme capitaine, mais comme simple soldat ?

— C'est facile à vérifier. Depuis l'ordonnance de M. de Vauban, on relève les noms de tous ceux qui sont tués, — simples soldats comme officiers. — Jusqu'à présent, Dieu merci, le nombre des hommes perdus par nous n'est pas trop considérable. Il nous est facile d'en faire le compte.

Ils retournèrent s'enquérir. On leur montra les listes mortuaires.

Aucune trace de Vilers.

Et, il n'y avait même pas lieu de supposer qu'il eût péri sous un faux nom. Les défunts étaient tous de vieux soldats, connus de leurs camarades, et de l'identité desquels ces derniers pouvaient répondre.

— Décidément, s'écria Lavenay en revenant, décidément, Vilers doit s'être arrêté en route, car personne ne l'a vu.

— En tout cas, il n'a pas été tué ici, ajouta Marc de Lacy.

— Ah ! dit Maurevailles ; avez-vous pensé, comme moi, à la coïncidence du départ de la marquise avec le sien ?

— C'est vrai, s'écria Lavenay.

— Si elle l'avait rejoint en un point convenu à l'avance ?...

— Ce n'est pas possible...

— Pourquoi ?...

— Mais alors, je le répète, quel eût été le motif de cette comédie pathétique qu'il est venu jouer au milieu de nous ?

— Le but ? Il est bien simple : c'était de nous endormir d'abord ; d'essayer encore une fois le sort, de façon à annuler la première décision ; enfin, grâce à cette feinte résignation désespérée, d'amener Maurevailles, le gagnant, à accorder un délai d'un an, que lui, le traître Vilers, cru mort par nous, passerait joyeusement avec sa femme, en riant de notre crédulité !...

— Oh ! non, c'est impossible. Ce serait trop de félonie !

— Sa première trahison ne l'accuse-t-elle pas ?

Il a été, cette fois encore, plus adroit que nous, voilà tout !...

— Oui, mais nous le retrouverons, et alors...

. . . .

Et pourtant les Hommes Rouges n'avaient pas été joués. Vilers avait été loyal et de bonne foi en jurant d'aller demander la mort aux ennemis.

Il était bien parti dans ce but, et, à bride abattue, cherchant les voies les plus courtes et les plus rapides.

Mais, si, aux paysans qui les renseignaient, les Hommes Rouges eussent demandé de plus amples explications, on leur eût répondu qu'avant eux une femme était passée, s'enquérant, elle aussi, du passage d'un officier.

Cette femme, on l'a deviné, c'était la marquise.

De la fenêtre où elle était, elle avait aperçu Vilers qui s'enfuyait au quadruple galop.

Une idée lui était venue. Le magnat n'était pas là pour la surveiller... Si elle tentait de s'enfuir et d'aller retrouver son mari ?

Ramassant son argent et ses bijoux, elle était descendue précipitamment, avait fait seller un cheval et était partie sur les traces de celui qu'elle aimait.

Mais le marquis avait de l'avance.

A chaque village, Haydée se renseignait, et, chaque fois, on lui disait qu'un officier, sous l'uniforme bleu et blanc duquel tombait un vaste manteau rouge, venait de passer, la précédant de quelques heures.

Trois jours et deux nuits, madame de Vilers alla ainsi presque sans discontinuer, ne s'arrêtant que pour faire manger son cheval et lui accorder les quelques heures de repos, sans lesquelles le pauvre animal, surmené, n'aurait pu continuer la route.

Le matin du troisième jour, on lui apprit que l'homme au manteau rouge n'était guère que d'une heure en avance sur elle.

— Je l'ai vu passer, dit un paysan qu'elle questionnait. Son cheval fatigué, presque fourbu, ne se traînait qu'avec peine. Vous n'aurez pas, je crois, de mal à le rattraper.

Haydée força sa monture...

C'était une grave imprudence, car si le cheval du marquis était fatigué, celui de la jeune femme ne l'était pas moins.

Au bout de deux lieues, il tomba d'épuisement.

Madame de Vilers échouait au moment de toucher le but.

Mais elle avait l'âme trop fortement trempée pour abandonner ainsi la partie. Elle alla à pied jusqu'au village le plus proche, avec l'intention d'acheter, à tout prix, un cheval de labour pour continuer sa route.

La première personne à laquelle elle s'adressa dans cette intention, poussa un cri d'étonnement :

— Tiens, encore ! fit-elle.

— Comment encore ? demanda Haydée surprise.

— Oui, vous êtes la seconde personne qui veniez me faire aujourd'hui pareille demande.

Le cœur de la jeune femme battit à se rompre.

— Et quelle est l'autre personne ? demanda-t-elle.

— Un gentilhomme, un officier...

— Un officier, vêtu de bleu ?...

— Avec un grand manteau rouge.

— C'est lui ! se dit Haydée.

Et elle ajouta :

— Il n'avait donc pas son cheval ?

— Son cheval s'est cassé la jambe en entrant dans le village. Et puis, c'était une bête rendue qui ne tenait plus sur ses jarrets.

— Et vous lui en avez vendu un autre ?

— Non. Je n'ai pas pu, mais je l'ai adressé au grand Jacques, le maréchal-ferrant, qui pourra lui en procurer un.

— Et où demeure ce grand Jacques ?

— Là-bas, à droite, la dernière maison. Vous verrez bien, la forge est allumée...

Madame de Vilers courut à la forge du grand Jacques. Là, elle apprit avec un grand bonheur que le cheval n'avait pas été fourni.

— Je ne l'aurai que demain, dit le maréchal. Et le gentilhomme doit venir le prendre dès le jour.

— Mais où est ce gentilhomme ?

— Il attend.

— Où donc ?

— A l'auberge.

— Quelle auberge ?

— Eh ! parbleu ! au *Grand Vainqueur*... Il n'y en a pas d'autre dans le pays. Tenez, suivez la ruelle à droite, puis à gauche. La troisième maison après la fontaine. Vous verrez une branche de pin à la porte ; c'est là le *Grand Vainqueur*, l'auberge à maître Gatinais.

Haydée courut à l'auberge indiquée et poussa la porte.

Dans la grande salle, un homme était assis au coin du feu, la tête dans ses mains.

Au bruit de la porte qui s'ouvrait, il regarda.

C'était le marquis de Vilers.

V

AU LIEU DE LA MORT, L'AMOUR

A la vue de celle qu'il avait tant aimée et qu'il adorait encore si ardemment, le marquis se dressa.

Deux cris retentirent : un cri de joie que ne put retenir Vilers, un cri de triomphe poussé par la marquise.

Une seconde après, le mari et l'épouse étaient dans les bras l'un de l'autre, pleurant et riant à la fois.

Il leur semblait qu'ils échangeaient le premier aveu, qu'ils se donnaient le premier baiser, que le passé n'avait jamais existé.

Quant à l'avenir, est-ce qu'ils pouvaient y songer à l'heure où après tant d'événements si terribles, le présent était si doux !

La voix de maître Gatinais, l'aubergiste, les ramena à la réalité.

Où étaient-ils ? Dans un vulgaire cabaret de

village, à mi-chemin de Paris et des Pays-Bas : de Paris que fuyait Vilers, des Pays-Bas où il s'était engagé à mourir.

— Vite, le dîner du capitaine ! criait à sa servante maître Gatinais dont le vaste dos était encadré par la porte.

— Vous le servirez dans ma chambre, dit Vilers.

L'aubergiste se retourna et se confondit en salutations à la vue de la marquise.

— Comme vous voudrez, mon capitaine, fit-il. Et j'espère que madame la capitaine sera contente. La chambre bleue, où je vais vous mettre, est bien ce qu'il y a de mieux dans le pays. Tous les meubles proviennent de la vente de notre défunt bailli. Il n'y a pas plus beau dans la capitale.

— Nous verrons, dit le marquis, interrompant tout ce verbiage. Nous verrons, et merci. Conduisez-nous dans cette fameuse chambre bleue où vous nous servirez quand je sonnerai.

Maître Gatinais s'empressa d'obéir au capitaine et, le couvert mis sur la table, se retira au premier signe.

— Ainsi, dit la marquise, dès qu'elle fut seule auprès de son mari, tu savais que je te croyais mort, et au lieu de me rassurer, tu me fuyais ? Oh ! c'était mal.

— Haydée, répondit-il, ne me juge pas. Plains-moi.

— Parle au moins, excuse-toi.

Et le capitaine qui, jusqu'à ce jour, nous le savons, avait tu à la marquise, dans l'espoir de ne jamais l'attrister, le secret de Fraülen, lui raconta toute l'histoire du serment des Hommes Rouges, depuis la scène du bal, où quatre hommes étaient tombés épris d'elle jusqu'à la dramatique conférence de Blérancourt, où ce serment implacable avait été solennellement renouvelé.

La marquise pleurait.

Mais ce n'était plus seulement l'effroi qui lui faisait verser des larmes.

— Tu ne m'aimes pas... murmura-t-elle en interrompant ses sanglots. Tu ne m'as jamais aimée... Qu'à Fraülen, tu aies conclu avec tes amis ce pacte infâme, soit encore.

Tu ne me connaissais pas, ou, du moins, tu croyais ne pas me connaître.

Tu te prêtais alors à un jeu méprisable, mais naturel entre vous autres hommes, pour qui l'amour n'est si souvent qu'une partie de plaisir. Ce qu'il me serait impossible de te pardonner, c'est qu'après avoir vécu si longtemps auprès de moi, c'est qu'en sachant à quel point je t'aimais, tu aies trouvé le courage de le renouveler, ce serment honteux, et dans quelles conditions ! Non seulement tu m'as mise en loterie, mais encore tu t'es engagé à me faire veuve.

Et veuve de toi ?

Eh bien, oui, cependant, malgré cela, je te pardonnerai, mais reste ! Mais vis ! Mais aime-moi.

Ah ! je t'aime tant !... Tu ne me quitteras plus, n'est-ce pas ?

— Ils ne me pardonneraient point, eux...

— Eux ! Que nous importe ! Est-ce que j'y songe à eux ! Est-ce que tu y songeais toi-même, à Paris, dans ce petit coin de l'île Saint-Louis où nous avons été si heureux ?

— Hélas ! s'écria le marquis, pourrais-je m'empêcher d'y penser maintenant ?... Ils ont réveillé dans mon âme l'honneur engourdi... Le mépris de moi-même me tuerait.

— Te tuerait ? Dans mes bras ! Allons donc !

— Je t'en supplie, tais-toi. Tes paroles me grisent. Adieu...

— Ainsi, tu ne m'aimes plus ?

— Mais je t'adore ! Mais, avant Fraülen, je n'avais pas vécu ! Mais en me battant, mais en mourant, c'est ton nom, ton seul nom que je répéterai...

— Partons ensemble alors. Le monde est si grand ! Nous nous cacherons. Cet horrible passé ne sera plus qu'un rêve...

— L'honneur est-il donc un rêve, lui ?

Il y eut un silence, empli par ce seul mot, si retentissant, de l'honneur...

Tout à coup, la marquise se leva, croisa les bras sur sa poitrine, et, s'approchant du capitaine :

— Ah çà, dit-elle, ET MOI ? Qu'est-ce que je deviens, moi, dans toute cette histoire ? Ah oui ! Je sais, vous venez de me le dire, vous me mariez à

Maurevailles... Et vous osez parler d'honneur ! Parlons-en donc. Employons les grands mots. Vous voulez être fidèle au serment qui vous lie à vos amis. Mais c'est très beau, cette fidélité, et elle me rassure grandement, car, à moi aussi, et non plus dans l'ombre et le mystère, mais au pied des autels, devant Dieu et les hommes, vous avez fait un serment, celui de m'aimer, de me protéger jusqu'à la dernière heure que le ciel vous donnerait. Alors vous ne parliez point de l'avancer, cette heure. Eh bien, serment contre serment. Arrangez-vous avec vos amis comme vous l'entendrez. Moi, j'exige l'accomplissement de la parole que vous m'avez donnée. J'ai un mari à qui je suis tout entière et qui est à moi tout entier. Je veux qu'il reste à moi.

Et, disant cela, la marquise, le sein gonflé, les yeux étincelants, les lèvres purpurines, penchée sur Vilers, ainsi qu'un avare sur son trésor, avança les bras comme pour le saisir, l'étreindre, empêcher qu'on le lui prenne.

Madame de Vilers était vraiment irrésistible...

Au contact de sa main de feu, le marquis, incendié, grisé, affolé, vaincu par cette éloquence conjugale et ce charme féminin, étendit les bras, lui aussi, et, pressant passionnément la marquise contre son cœur :

— Ah ! s'écria-t-il, que me font les autres ! Que m'importe tout le reste ! Tu m'aimes et je t'adore. Je t'ai donné mon nom et tu es à moi. Oui, que peut-il y avoir de plus sacré que le lien qui nous enlace ? Ah ! tiens, je crois revivre...

Et, dans ces deux corps, il n'y eut qu'un seul et même incendie. Les lèvres se rencontrèrent...

Adieu, tout !

Est-ce que Maurevailles, Lavenay et Lacy existaient seulement ?

Est-ce qu'il y avait sur terre une place forte qu'on appelait Fraülen, un château qu'on appelait Blérancourt ?

Il n'y avait plus sous le ciel que deux êtres, Adam et Ève, dans le Paradis retrouvé !

Eh bien, nous oublions ! A dix mètres de là, maugréait maître Gatinais, le cabaretier du *Grand Vainqueur*, qui se fatiguait à faire tourner à la broche un poulet archi-doré qu'on ne pensait guère à lui demander...

. . . .

VI

LA REVANCHE DE L'HONNEUR

. . . .

La campagne était commencée. Maurice de Saxe, qui, avant de passer par Blérancourt, avait reçu à Versailles l'accueil dû à un triomphateur, allait faire chèrement payer aux Impériaux les demi-représailles que, rendus téméraires, ils avaient essayé de prendre en son absence.

Si le duc Charles de Lorraine, qui commandait l'armée autrichienne, avait reçu des renforts, Maurice de Saxe en amenait aux Français. Sa présence seule, du reste, était un appoint qui avait son importance. Cet homme, terrassé par la fièvre, rendu impotent par l'hydropisie, pouvant à peine se remuer, était, sur le champ de bataille, d'une miraculeuse lucidité. La stratégie lui faisait oublier ses souffrances.

L'armée française était réunie en avant de Bruxelles. Un corps de quatre-vingts escadrons et de vingt bataillons sous les ordres du vicomte du Chayla, campait à Dendermonde. Le prince de Conti commandait l'armée du Rhin, dont Maurice de Saxe détacha vingt-quatre bataillons et trente-sept escadrons pour aller inquiéter Mons, Namur et Charleroi. La cavalerie et les dragons tenaient la droite du camp ; les carabiniers la gauche ; le parc de l'artillerie et les gardes-françaises le milieu.

La réunion des troupes ne s'était pas accomplie sans que les Impériaux fissent quelques efforts pour l'empêcher. A plusieurs reprises, au contraire, leurs hussards étaient venus jusqu'auprès du camp en formation pour l'inquiéter et essayer de le surprendre.

Ils avaient toujours été repoussés.

Or, à chacune des attaques, au moment où les troupes françaises sortaient pour charger l'ennemi, un homme, surgissant on ne savait d'où, apparaissait au premier rang, combattant avec une véritable furie...

L'ennemi en fuite, cet homme disparaissait comme il était apparu.

Qui était-il ? D'où venait-il ? On l'ignorait. A plusieurs reprises, les officiers aux côtés desquels il avait combattu, avaient essayé de le trouver pour le féliciter et le remercier de son aide...

— Personne !...

Cela tournait à la légende.

Dans le camp, diverses histoires couraient déjà.

Les uns racontaient que ce héros mystérieux était un grand seigneur autrichien, ennemi mortel du duc Charles, qui, sortant avec les troupes impériales, tournait son épée contre elles, une fois la lutte engagée.

D'autres affirmaient que c'était un patriote belge, partisan de la France, qui, n'osant faire connaître tout haut son opinion, la manifestait tout bas, en se battant comme un enragé.

Certains enfin disaient tout bonnement que c'était le diable.

— Voyez, disaient-ils à l'appui de leur opinion, voyez comme il apparaît et disparaît. Et puis n'est-il pas invulnérable ? Les balles des mousquets fuient sa poitrine, les baïonnettes s'écartent de lui !...

N'était-il point extraordinaire, en effet, que cet homme n'eût pas été tué mille fois ? Il semblait chercher la mort et ne la rencontrait pas !...

Maurevailles, Lavenay et Lacy avaient, comme tout le camp, entendu parler du combattant mystérieux.

Mais ils ne l'avaient jamais vu.

Par une curieuse particularité, cet homme n'avait pas encore eu l'occasion de combattre dans les rangs des gardes-françaises.

Quand le camp avait été attaqué par les fourrageurs du baron de Trenk, le 3 mai, « l'homme-diable » comme on disait, avait marché avec les régiments de Saintonge et du Nivernois.

Le 6, quand le comte de Lowendal en vint aux mains avec les hussards ennemis, ce fut dans les rangs des volontaires de Saxe qu'il tua de sa propre main le capitaine autrichien.

L'armée impériale, massée devant Louvain, avait passé le Démer, poussée par l'armée française. Lorsque Louvain fut occupé, le premier soldat qui en franchit les portes, mêlé aux hommes de Royal-Pologne, ce fut le héros de la légende, le guerrier inconnu.

La marche des Français en avant continua ainsi plusieurs jours. On passa la Dyle, on occupa Malines, la chaussée et la ville d'Anvers, on mit le siège devant la citadelle, où les alliés en se retirant avaient laissé quinze cents hommes.

Seize escadrons de cavalerie et vingt-neuf bataillons, dont faisaient partie les troupes du marquis de Langevin, furent chargés de former la circonvallation de la citadelle d'Anvers.

La tranchée fut ouverte dans la nuit du 25 au 26 mai, à gauche et en avant du village de Kiel, où Tony avait gagné son écharpe d'officier.

Pendant cinq jours on travailla.

Dans la nuit du 30, comme la tranchée était terminée, le comte de Clermont-Prince, qui dirigeait les opérations du siège, voulut faire une tentative.

Le rempart avait une brèche praticable. Il s'agissait de savoir si les ennemis, retirés à une certaine distance du rempart, pouvaient encore défendre le point vulnérable.

Le comte de Clermont demanda vingt hommes de bonne volonté et un officier pour les mener.

Les vingt hommes arrivèrent, conduits par un cornette.

Le général jeta sur ce cornette un regard de surprise.

— Il y a sans doute erreur, murmura-t-il avec embarras.

Tony souriait et feignait de friser sa moustache absente.

— C'est probablement mon air de demoiselle qui vous épouvante, mon général ? demanda-t-il gaillardement.

Le comte se mit à rire.

— Il est certain, dit-il, que je ne m'attendais guère à voir ces vieilles moustaches grises triées sur le volet, conduites par un enfant. Car enfin vous me semblez bien jeune, monsieur l'officier ? Quel âge avez-vous ?

— J'aurai bientôt dix-huit ans, mon général.

— Dix-huit ans ! Vraiment je n'ose vous dire...

— Osez, osez, mon général, fit, avec une fatuité adorable, le jeune homme. J'ai l'air d'un enfant, je le sais, mais si vous vouliez demander au marquis de Langevin, mon ancien colonel, et au maréchal de Saxe, qui m'a lui-même donné mon grade au burg du margrave...

— Quoi, c'est vous ?... Ah ! corbleu, mon jeune ami, laissez-moi vous féliciter et vous expliquer aussi ce que j'attends de vous et de vos hommes, car l'heure presse...

— Mon général, je suis venu pour cela.

— Il s'agit, reprit le général, d'arriver jusqu'à la brèche sans être vus...

— Nous y arriverons, mon général.

— D'entrer dans la place.

— Nous y entrerons.

— D'explorer les environs aussi loin que possible.

— Nous les explorerons.

— Et de ne pas se faire tuer.

— Ah ! par ma foi, mon général, vous en demandez trop, s'écria Tony en riant. Au fait, tenez, eh bien, je vous le promets, on ne nous tuera pas.

Et il sortit, suivi de ses hommes.

La brèche était déserte. Les fascines furent jetées sans encombre dans les fossés. Les échelles s'appliquèrent sur la muraille... Pas un soldat ennemi ne parut.

Les vingt hommes, le mousquet en bandoulière, le sabre entre les dents, montèrent en silence. Tony marchait le premier. Un sergent de Bourgogne fermait la marche, prêt à planter son épée dans le dos de celui qui aurait reculé.

L'ascension se fit sans encombre. On arriva sur le rempart.

Les vingt Français, l'œil plongeant dans les ténèbres, s'avançaient peu à peu, scrutant l'espace.

Tout à coup, l'échelle frémit sous le poids d'un nouvel arrivant. Un homme haletant se jeta dans la place.

— Fuyez ! s'écria-t-il, fuyez !... Le sol sur lequel vous marchez est miné !...

Au son de sa voix, tous les soldats se retournèrent.

— Le combattant mystérieux !... murmura l'un deux...

— L'homme-diable ! s'écria un autre.

— Le marquis de Vilers ! dit Tony stupéfait. Vous ! vous !...

. . . .

C'était le marquis de Vilers, en effet !

S'il eût été un homme ordinaire, il eût, après sa rencontre avec la marquise, laissé s'accomplir les événements...

Il eût vu, dans la série d'aventures qui l'avaient remis en présence de sa femme, un ordre du destin.

Récapitulons ces événements :

Lors du serment fatal de Fraülen, Haydée, dont il était épris, l'avait, elle-même, prié de l'emmener loin du magnat. N'écoutant que son amour, il avait trahi sa parole.

Lavenay l'avait rejoint pour le punir. Frappé d'un coup d'épée que l'on croyait mortel, le marquis était revenu à la vie. La Providence avait conduit près de lui l'excellente femme qui l'avait sauvé.

Les Hommes Rouges, continuant leur œuvre de

vengeance, voulaient s'emparer de la marquise. Un étrange hasard avait donné, le même jour, la même idée au magnat qui leur arracha leur proie.

Malgré le soin qu'on avait pris de cacher sa retraite, Haydée avait été retrouvée. Après que Maurevailles l'eut sauvée des caresses odieuses du magnat, Tony l'enleva à Maurevailles. Une coïncidence nouvelle l'avait amené, lui, Vilers, au saut-de-loup, à l'heure juste où le nain y attendait le chevalier. Grâce à ce nain, il avait pu, tout en jouant le rôle de victime dans la plus sanglante des tragédies, renverser le projet de ses ennemis.

Miraculeusement sauvé d'une mort certaine, voyant le doigt de Dieu dans les événements qui l'avaient séparé de sa femme, il avait fait amende honorable; il s'était enfui pour mourir sous les coups de l'ennemi. Le hasard avait montré à la marquise le chemin qu'il venait de prendre ; le hasard les avait fait s'arrêter tous deux dans le même village, où elle l'avait enlacé de ses bras malgré lui...

Vraiment il y avait de quoi se laisser aller au cours des événements. Pendant que Lacy, Maurevailles et Lavenay devaient combattre les Impériaux à la tête de leurs compagnies, il lui était si facile, à lui, de rester avec Haydée dans quelque endroit bien caché, bien ignoré...

La marquise l'en suppliait à deux genoux...

Nous le répétons, un homme ordinaire eût

succombé à la tentation ; mais Vilers n'était pas un homme ordinaire.

— Faillir de nouveau à ma parole ! se dit-il. Ne suis-je donc bon qu'à être un lâche et un traître ? J'avais promis de mourir sans revoir Haydée. Il n'a pas tenu à ma volonté qu'il en fût ainsi... Soit !... C'est une consolation et un secret que j'emporterai dans la tombe. Mais quant à ma destinée, elle doit s'accomplir, et elle s'accomplira. Le serment, fait à mes amis à Fraülen, a précédé celui que j'ai fait à Haydée...

. . . .

Et malgré les supplications de la marquise qui voulait absolument le suivre, il la décida à reprendre la route de Paris, où le bon Joseph serait si content de lui ouvrir l'hôtel de Vilers.

Quant à lui, muni d'un nouveau cheval, il continuerait lentement et tristement sa course vers le champ de bataille, où la mort l'attendait !

Et il s'apprêta à partir...

. . . .

— Oui, c'est moi, dit-il à Tony qui venait de le reconnaître, mais je vous le répète, sauvez-vous. D'en bas, j'ai aperçu la mine et la mèche qui brûle. Elle va arriver à la poudre d'ici quelques...

Il n'eut pas le temps d'achever. Une explosion formidable retentit.

Tony, ses vingt hommes et le marquis, lancés dans l'espace au milieu des débris de pierres, de terre, de bois et de fascines, tourbillonnèrent dans l'air avant de retomber sous les décombres... horriblement mutilés et mourants ou morts!

. . . .

Les Impériaux, se voyant sur le point d'être obligés de capituler, avaient voulu finir par un coup d'éclat.

Le rempart démantelé avait été miné par eux.

Ils espéraient qu'un assaut général serait donné et comptaient faire sauter avec leur bastion, une partie de l'armée française et peut-être de l'état-major.

Leur projet avait été déjoué. Quelques hommes seulement avaient été tués.

Mais parmi ces hommes étaient, comme nous l'avons vu, le cornette Tony et le mystérieux combattant qui semblait depuis un mois le protecteur de l'armée...

Ce fut donc avec une véritable tristesse que les Français entrèrent le lendemain matin dans la citadelle d'Anvers.

. . . .

Comme toute l'armée, Lavenay, Maurevailles et Lacy entendirent parler de l'explosion du bastion et des victimes que cette explosion avait faites.

Ils eurent en même temps la clef du mystère qu'ils n'avaient pu jusqu'alors pénétrer.

Le sergent du régiment de Bourgogne, qui marchait le dernier dans la petite troupe commandée par Tony, n'était pas mort.

Il avait eu la chance de retomber dans les fossés de la citadelle. L'eau avait amorti sa chute.

Interrogé, il raconta l'apparition de l'homme mystérieux et dit le nom dont Tony avait salué cet homme.

Le combattant inconnu était celui que, de nouveau, ils appelaient « le traître ».

Ils comprenaient maintenant pourquoi le marquis n'avait été vu par eux, ni au milieu des vivants, ni au milieu des morts.

Ils comprenaient aussi pourquoi il n'avait jamais combattu au milieu des gardes-françaises.

— Il voulait, dit Maurevailles, non pas se suicider, mais mourir glorieusement, et, pour cela, garder toute son initiative. Son but était de vendre chèrement sa vie, et non de l'offrir.

— Et sa dernière action a été un acte de dévouement. Il est mort glorieusement. Honneur à sa mémoire, répondit Lacy.

— Je ne regrette qu'une chose, c'est de n'avoir pu, une dernière fois, lui serrer la main.

— Que veux-tu ? Il nous fuyait. Il avait honte de n'être pas mort encore !...

Le marquis avait honte. C'est vrai.

Il rougissait d'avoir une seconde fois failli à son serment.

Ses amis ignoraient ce nouveau crime. Mais lui, il en avait conscience et c'était assez, c'était trop.

En se montrant, il eût fallu leur parler, mettre sa main dans la leur.

Et chaque poignée de main eût été pour lui une douleur, un remords...

Il préférait éviter les Hommes Rouges.

Ce n'est qu'en voyant perdus les vingt soldats qui montaient à la brèche et à la tête desquels était Tony, son ami, son frère, qu'il se décida à paraître, cette fois, auprès du campement des gardes-françaises.

La première douleur passée, on s'occupa de rechercher les morts.

Le marquis de Langevin, désolé, voulait faire rendre au cadavre de Tony les honneurs funèbres. Lavenay, Lacy et Maurevailles voulaient faire inhumer Vilers.

Mais, malgré les plus minutieuses recherches, il fut impossible de les reconnaître au milieu de cet amas sanglant de pierres et de chairs.

VII

ANGE ET CORBEAU

Si le marquis de Langevin et les Hommes Rouges ne purent, malgré leurs minutieuses recherches, découvrir les corps du marquis de Vilers et de Tony, c'est qu'ils étaient arrivés trop tard.

Ce n'était que le lendemain matin, en effet, après l'évacuation de la citadelle, qu'ils avaient pu commencer leurs recherches...

Or, la nuit même de l'explosion, une femme, avertie par les rumeurs du camp, était accourue sur le lieu du désastre.

Cette femme, c'était mame Toinon.

Mame Toinon avait appris le départ de Tony avec un peloton de volontaires, pour une de ces aventures desquelles il ne sortait pas depuis deux mois.

Si cela n'eût dépendu que d'elle, la pauvre femme dont le cœur saignait à l'idée du danger qu'allait courir son fils adoptif, eût certainement retenu Tony.

— Fais ton devoir de soldat, lui eût-elle dit. Quand l'occasion s'en présente, ne boude pas devant l'ennemi. Cela suffit. Pourquoi courir au-devant des aventures et du danger ?

Mais mame Toinon savait qu'avec Tony toute tentative eût été vaine. N'avait-il pas ses épaulettes de capitaine à gagner avant la fin de la guerre ?

Elle s'était contentée de faire des vœux pour lui... et d'attendre, haletante, anxieuse...

Tout à coup une terrible détonation avait fait tressaillir la pauvre femme... Elle s'était précipitée hors de la maison où elle était logée et avait couru au camp.

Au camp, les soldats se disaient :

— La citadelle a sauté ; ils sont tous morts !...

Morts ! Tous ! Et c'était Tony qui les commandait..

Tony !... Tony, tué !

— Ah ! s'écria-t-elle avec douleur, j'avais le pressentiment que cette entreprise lui serait fatale.

Les soldats se tenaient sur la défensive, se demandant si, après cette explosion, la garnison n'allait pas tenter une sortie désespérée.

Mais que pouvaient faire à mame Toinon la citadelle, les Impériaux, le siège et la bataille ?..

C'était Tony, Tony seul qui la préoccupait...

— Il faut que je le revoie ! s'était-elle dit.

Et elle était partie, bravant tout.

Elle arriva à la brèche.

Le spectacle était horrible, épouvantable, déchirant. Parmi les pierres énormes lancées au loin par la force de la poudre de mine, étaient des fragments de cadavres, des débris humains palpitant encore d'un reste de la vie qui venait de les abandonner ; bras coupés, jambes détachées, poitrines écrasées, têtes noircies par la fumée et grimaçant la mort...

Au milieu de ce fouillis sinistre, mame Toinon errait, cherchant à retrouver Tony parmi ces morts méconnaissables, s'épuisant en efforts pour soulever les pierres, les poutres et les fascines, et, après chaque vaine tentative, s'arrêtant, détrompée, mais non découragée...

Pauvre femme ! Quelle force d'âme il lui fallait puiser dans son amour !

Il n'était pourtant pas difficile à distinguer des autres, le pauvre Tony. C'était le plus jeune et c'était le seul officier.

Mais la poudre avait noirci les uniformes. Le sang et la boue les avaient souillés...

Mame Toinon cherchait toujours...

Tout à coup, auprès d'une casemate écroulée, elle crut entendre une faible plainte...

Elle appela :

— Tony, Tony, est-ce toi ?

Un nouveau gémissement répondit à cet appel.

Dans la demi-obscurité, mame Toinon aperçut un soldat gisant, la poitrine prise sous un madrier...

Il faisait trop noir pour le reconnaître. Mais, quel qu'il fût, mame Toinon résolut de lui porter secours.

C'était une rude tâche pour une femme que de soulever le lourd morceau de bois qui pesait sur le moribond. Un moment de faiblesse, et elle l'écrasait !

Rassemblant toutes ses forces, Toinon parvint à déplacer la poutre...

— Ah ! fit le soldat, avec un soupir de soulagement.

— Qui êtes-vous ? où souffrez-vous ? demanda la libératrice.

Le blessé ne répondit pas. Il était évanoui.

Mame Toinon n'en avait pas tant fait pour abandonner ainsi le pauvre garçon. Elle le prit dans ses bras pour l'emporter à la lumière.

Tout à coup, elle poussa un grand cri. Ses doigts venaient de rencontrer un cordon passé au cou du soldat, et auquel pendait une médaille.

Ce cordon d'or, cette médaille, elle les reconnaissait. C'était elle qui les avait donnés à Tony le jour où il s'était enrôlé dans les gardes-françaises.

— Tony ! Tony ! c'est toi !...

Il ne parla point ; mais elle sentit les lèvres du jeune homme frôler sa main... Lui aussi l'avait reconnue.

Elle saisit son Tony dans ses bras et l'emporta comme s'il eût été un enfant...

Mais c'était là l'effort du premier instant. Bientôt, malgré elle, ses forces la trahirent ; elle dut reposer à terre son fardeau, près duquel elle se laissa elle-même tomber en pleurant. Fallait-il donc perdre son plus précieux, son unique trésor au moment où elle venait de le reconquérir?

Mame Toinon, au désespoir, allait appeler au secours, au risque d'attirer l'attention des Impériaux et de faire prendre Tony comme prisonnier de guerre, quand un bruit léger attira son attention.

A quelques pas d'elle, un homme marchait avec mille précautions, se baissant de temps à autre comme pour examiner les cadavres, puis mettant la main à ses poches.

Mame Toinon vit immédiatement à qui elle avait affaire.

L'homme qui arrivait ainsi était un de ces *corbeaux*, comme on les appelait, qui suivaient les armées pour dévaliser les morts sur les champs de bataille. On avait beau les arrêter, les fustiger même, rien n'y faisait. L'âpreté du gain en ramenait toujours de véritables essaims.

Dans la situation terrible où elle se trouvait, mame Toinon n'avait rien à craindre.

— Hé ! l'ami !... cria-t-elle.

L'homme eut un soubresaut et s'apprêta à prendre la fuite.

Mais, s'apercevant qu'il n'avait affaire qu'à une femme, il se rassura.

— Mon ami, dit mame Toinon, vous faites un vilain métier qui vous rapporte peu. Voulez-vous faire une bonne action qui vous vaudra trois louis ?

— De quoi s'agit-il ? demanda l'homme tout à fait remis de son effroi.

— Il n'y a ici, répondit mame Toinon, que des soldats qui n'ont pas de grands trésors dans leurs poches ; laissez-les et aidez-moi à porter jusque dans la ville un jeune officier blessé.

— Volontiers !...

Le corbeau d'armée n'était pas un méchant homme au fond. Il s'empressa de ramasser deux mousquets, les lia en forme d'X, étendit dessus un épais manteau, et y déposa Tony avec précaution.

— Pourrez-vous porter un bout ? demanda-t-il en se disposant à enlever le jeune homme sur ce brancard improvisé.

— Ah ! je crois bien ! s'écria la vaillante femme. Marchons, et soyez sûr que vous n'aurez pas perdu votre nuit.

Madame Toinon tint parole. Une demi-heure après, Tony était couché dans un bon lit, et le *corbeau* se retirait, les poches bien garnies.

Voilà pourquoi, quand le marquis de Langevin était arrivé, il n'avait pas pu retrouver le corps de son petit-fils.

Madame Toinon n'était pas femme à abandonner son œuvre en si beau chemin. Elle se mit en quête d'un médecin.

Seulement, comme elle ne voulait pas qu'on lui ravît son cher Tony, elle ne s'adressa pas à un chirurgien de l'armée.

Elle en fit mander un dans la ville.

A la première inspection, l'homme de l'art fronça le sourcil.

— Vous êtes la sœur du blessé ? demanda-t-il.

— Non.

— Sa femme ?

— Il n'a pas dix-huit ans...

— Sa maîtresse alors ?

Mame Toinon eut un mouvement d'indignation. Le docteur crut qu'il se trouvait devant une de ces généreuses créatures qui, de tout temps, se sont vouées au salut des blessés.

— On peut donc parler, dit-il. Eh bien, recueillez un autre soldat à soigner. Celui-là n'a pas deux heures à vivre.

La pauvre femme poussa un cri et tomba évanouie sur le lit du mourant.

. . . .

Et maintenant qu'était devenu M. de Vilers ?

On se rappelle qu'il avait été surpris par l'explosion de la mine, au moment où il s'écriait :

— Fuyez !...

Il avait été lancé du même côté que Tony.

Si mame Toinon eût continué ses recherches, si elle se fût moins exclusivement occupée de son ancien commis, elle eût remarqué que sous la même poutre, un peu plus avant dans les décombres de la casemate, un autre homme était étendu. Cet homme était le marquis.

En soulevant la poutre qui étouffait Tony, elle le dégagea également. Le grand air et la fraîcheur du matin firent le reste.

Le marquis, contusionné, froissé par sa chute, n'avait en réalité aucune blessure sérieuse. Il se traîna péniblement jusqu'aux environs du camp. En y arrivant, il entendit des soldats qui disaient :

— Le combattant mystérieux, tu sais qui c'était ?

— Oui, le marquis de Vilers. Le capitaine de Maurevailles en parlait tout à l'heure au capitaine de Lavenay.

— Et il a été tué.

— Il paraît.

— Quel dommage !

— Tu le connaissais ?

— J'ai servi sous lui devant Fraülen.

— Et c'était un brave homme ?

— Le meilleur des chefs !... Ah ! sa mort sera un grand deuil pour ses anciens soldats !...

Les soldats s'éloignèrent. Vilers allait les rappeler ; une inspiration subite lui vint.

— Mort ! se dit-il... On me croit mort !... Eh bien, soit. Oui, je le suis et le serai longtemps ! car, décidément, c'est Dieu lui-même qui veut que je le sois... pour les autres seulement...

VIII

ÉTRANGES NOUVELLES

La mort avait fauché ; mais nous étions vainqueurs.

Le roi Louis XV avait fait son entrée triomphale dans Anvers, pris par ses soldats, et s'y était fait complimenter de sa victoire par ceux-là même qui l'avaient remportée. L'armée française poursuivant sa marche, arrêtée seulement par quelques escarmouches, s'était emparée de Mons, dont la garnison n'avait pas tardé à se rendre, et occupé Saint-Guislain, Sombreff, Enheven... Enfin, malgré les secours qui lui avaient été envoyés, la garnison de Charleroi avait été faite prisonnière, le 2 août. Le corps d'armée du prince de Conti avait terminé ses opérations et venait se fondre dans celui du maréchal de Saxe, qui allait bloquer Namur.

Réunis dans Charleroi, où leur régiment prenait quelques jours de repos, Maurevailles, Lavenay et Lacy examinaient la situation.

Elle était singulièrement améliorée.

— D'abord, faisait observer Lavenay, nous n'avons plus continuellement à nos trousses ce petit diable incarné que le marquis de Langevin avait pris sous sa protection, et qui, je ne sais pourquoi, avait la manie de se mettre constamment en travers de nos affaires...

— C'est vrai, dit Maurevailles, Tony s'est fait tuer...

— Pauvre garçon ! C'était un brave, après tout, messieurs, s'écria Lacy.

— Je suis loin de le nier, et je ne vous cache pas que j'aime mieux qu'il ait eu la mort glorieuse du soldat que celle qu'il a risquée tant de fois en face de nos épées...

— Il est mort victime de sa témérité. Nous n'y pouvons rien. Quant à Vilers...

— Vilers a tenu sa parole, il s'est fait tuer...

— La situation de Maurevailles est donc bien nette. Il ne lui reste plus qu'à se faire aimer de la marquise...

— Eh, messieurs, dit Maurevailles, ce ne sera peut-être pas si facile que cela vous semble...

— C'est ton affaire. Aussi, à ta place, j'aurais demandé au prince de Conti, qui nous quitte pour aller passer quelques jours à Paris, l'autorisation de l'accompagner...

— Non pas, dit Maurevailles.

— Pourquoi donc ?

— Parce que j'ai envoyé d'Anvers, aussitôt la

mort de Vilers, deux hommes à moi, chargés de prendre des renseignements, l'un à Blérancourt, l'autre à Paris...

— Eh bien ?

— Celui qui est allé à Blérancourt est de retour. Il ne sait rien, sinon qu'on n'y a pas revu la marquise.

— Et celui de Paris ?

— Je l'attends. Il me dira si, comme j'avais lieu de le supposer, madame de Vilers est allée rejoindre sa sœur Réjane.

— Ah ! Réjane, dit Lacy, pauvre enfant !... Être frappée d'un si affreux malheur à son âge !...

— Tais-toi ! s'écria Maurevailles. Tu éveilles en moi comme un remords. Oui, oui, cette pauvre enfant m'aimait !... Ah ! messieurs, je me demande par instants si ce n'est pas une entreprise déloyale et fatale que la nôtre ; si ce n'est pas une œuvre condamnée d'avance que celle qui a désuni quatre amis fidèles, tué deux braves soldats, arraché l'intelligence à une enfant innocente et pure !...

— Il ne tient qu'à toi d'y renoncer.

— Non, j'ai juré !... je tiendrai mon serment.

— Écoute, dit Lacy. Aimes-tu Réjane ? Alors, sur mon honneur, pour ma part, Vilers étant mort, je te rends ta parole. Si, au contraire, tu n'as pour cette enfant que la pitié qu'elle mérite si bien, si tu crois pouvoir sans jalousie la voir l'épouse d'un autre, eh bien, moi, Marc de Lacy, je te dis : « Sois en paix, je ferai tout ce qui sera en mon pouvoir pour la consoler et la rendre heureuse... »

A ce moment, on frappa violemment à la porte de la maison où ils étaient réunis.

Un coursier, couvert de poussière, arrivait de Paris. C'était celui qu'avait envoyé Maurevailles.

Les trois Hommes Rouges l'entourèrent.

— Eh bien, Luc, demanda Maurevailles, quelles nouvelles ?

Luc hésita et jeta un regard rapide sur Lavenay et Lacy.

— Tu peux parler devant ces messieurs, dit Maurevailles, ils sont au courant des choses et ont autant d'intérêt que moi à connaître le résultat de ton voyage.

— S'il en est ainsi, commença le courrier, que monsieur le chevalier veuille bien prendre la peine de m'écouter. Selon les ordres qui m'avaient été donnés, je me suis rendu à Paris, où je suis descendu, non pas à l'hôtel de M. le chevalier, mais dans une auberge. Ayant le choix, j'ai jeté mon dévolu sur les *Armes de Bretagne*, dont l'hôte est mon compatriote.

— Sois plus bref, dit Maurevailles.

— A l'avantage d'avoir d'excellent vin, les *Armes de Bretagne* ajoutent celui d'être situées sur le quai de Béthune, à deux pas de l'hôtel de Vilers...

— Peut-être était-ce trop près, fit observer Maurevailles. Ta présence aurait pu soulever des soupçons.

Luc se mit à rire.

— J'espérais que monsieur le chevalier me connaissait mieux, fit-il. Avant de me présenter à l'auberge des *Armes de Bretagne*, j'avais fait peau neuve. Vêtu d'un sarrau de toile, débarrassé de ma perruque et coiffé à la malcontent, j'avais tout l'air d'un provincial fraîchement débarqué à Paris et venant y chercher une place. C'est à ce titre que je me présentai, en priant maître Le Roux, l'aubergiste, de me mettre en rapport avec quelques-uns de messieurs les laquais du voisinage.

— Excellente idée !

— Je m'en vante. Elle réussit d'autant mieux que plusieurs des serviteurs de l'hôtel de Vilers venaient le soir, avant de se coucher, vider un pot de vin chez maître Le Roux, en cancanant sur leurs maîtres avec les autres laquais du voisinage.

— Et tu lias connaissance avec ces laquais ? demanda Maurevailles.

— C'est-à-dire, répondit Luc, que je fus bientôt leur compagnon indispensable. C'était moi qui régalais la plupart du temps, sous prétexte de me faire indiquer la place que je désirais.

« — Quel dommage, me dit un soir Comtois, le piqueur de l'hôtel de Vilers, que M. le marquis ne soit plus ici ! Bien découplé comme vous êtes, vous lui eussiez certainement convenu...

» — Où donc est-il ? demandai-je.

» — Ah ! c'est une curieuse histoire. Il a longtemps passé pour mort, et Madame la marquise a disparu. Puis, un beau jour, elle est revenue et le vieux Joseph, le valet de chambre, qui est l'homme de confiance de la maison, nous a dit que son maître n'était pas si mort qu'on le croyait.

» — Alors, il va revenir aussi ? demandai-je d'un air naïf.

» — Oh ! pas tout de suite. Après la guerre seulement, s'il n'est pas tué. En ce moment il se bat comme un lion à l'armée de Maurice de Saxe... »

— Morbleu ! comment savent-ils cela ? s'écria Maurevailles stupéfait. Vilers, malgré sa promesse, aurait donc revu la marquise ?..

— Attendez pour vous étonner, monsieur le chevalier, dit Luc. Je vous garde le singulier pour la fin.

— Parle vite !...

— La marquise, qui ne semble pas, en effet, croire à la mort de son mari, puisqu'elle ne porte pas le deuil, vit cependant fort retirée dans son hôtel. C'est même pour cela que les domestiques peuvent aller, le soir, boire et bavarder à leur gré. Elle n'admet auprès d'elle que le vieux Joseph, avec qui elle a de longues causeries...

— Et tu n'as pu savoir sur quoi portent ces entretiens ?...

— Impossible, monsieur le chevalier. Joseph, vous le savez, est tout dévoué au marquis. Aussi reste-t-il absolument impénétrable. Et puis, je n'ai pas osé me frotter trop à lui...

— Pourquoi donc ?

— J'étais déjà auprès de M. le chevalier, il y a quatre ans, et le vieux Joseph aurait pu me reconnaître.

— Alors, c'est tout ce que tu sais ?...

— Non pas. J'apporte une nouvelle que je crois intéressante.

— Laquelle ?

— Quand elle n'est pas avec Joseph, la marquise réunit ses femmes de chambre dans son boudoir et les fait choisir des étoffes, tailler et coudre...

— Coudre !... s'écria Maurevailles abasourdi. Que nous racontes-tu là ?

— L'exacte vérité, monsieur le chevalier. Madame de Vilers prépare une layette.

— Une layette !... Et pour qui ?

— Pour l'enfant qu'elle va mettre au monde dans quelques mois...

— Haydée enceinte !... s'écrièrent d'une seule voix les trois officiers. C'est impossible !...

— Cela est pourtant.

— Et elle attend le retour de son mari ?... Mais alors Vilers nous a trompés. Avant de partir pour la frontière, il a revu la marquise. Voilà le secret de cette disparition. Le lâche mentait à sa parole !

— Et le prétendu remords qui l'a ramené à nous n'était que le désir de nous jouer. Certain qu'à la fin nous le punirions de sa déloyauté, il a agi de ruse pour endormir notre vengeance, et, tandis que nous nous attristions sur sa résignation au rôle de victime, il était dans les bras de la marquise, se riant avec elle de notre sotte crédulité !

— C'est ignoble, fit Lacy et maintenant, au contraire de ce que je disais pour Tony, j'ai regret qu'une mort de soldat l'ait ravi à mon épée. Je maudis ce traître...

— Que sa mémoire soit à jamais flétrie !

— Quoi qu'il en soit, messieurs, dit Lavenay, il ne nous reste plus qu'à terminer au plus vite la guerre, pour rentrer à Paris et en finir.

IX

LE RÉVEIL

Le courrier avait raconté l'exacte vérité : la marquise de Vilers allait devenir mère.

Ce bonheur qui lui avait été refusé pendant les quatre premières années de son mariage, ces quatre années passées dans l'amour heureux et paisible, elle allait le devoir aux quelques heures d'amour furtif dérobées aux péripéties de la lutte.

Mais de quelles craintes terribles cette joie n'était-elle pas mélangée ! Cet enfant qui allait venir au monde connaîtrait-il son père ? La fatalité ne l'avait-elle pas déjà fait orphelin ?

La marquise ignorait encore les suites de l'explosion d'Anvers. Elle croyait que son mari, suivant l'armée en volontaire, continuait la guerre jusqu'à la fin.

Elle ne s'effrayait pas de ne pas recevoir de ses nouvelles. Elle savait qu'il se cachait des Hommes Rouges et surtout qu'il ne voulait point, par une lettre envoyée à Paris, leur faire savoir qu'il l'avait revue.

— S'il lui arrivait malheur, pensait-elle, le marquis de Langevin m'en avertirait certainement...

Et elle priait Dieu de presser la fin de la campagne et le retour de son époux.

La prière lui donnait du courage et de l'espoir.

La marquise, du reste, avait à s'occuper de sa sœur, la pauvre Réjane, toujours folle.

Réjane s'amusait beaucoup des préparatifs qu'Haydée faisait pour son enfant. Selon elle, ces étoffes blanches qu'on façonnait, ces tulles qu'on plissait, ces dentelles qu'on ajustait, c'était pour son trousseau de noces...

De noces avec Maurevailles qui n'était pas sorti de sa pensée.

Elle restait de longues heures dans le boudoir de la marquise, essayant ces petits vêtements d'enfant, les examinant dans tous les sens, jouant avec eux.

Le temps s'écoulait ainsi.

Un jour que la marquise était sortie, sous l'escorte du vieux Joseph, pour se rendre à l'église de Saint-Louis, une personne, vêtue en femme du peuple, se présenta à l'hôtel de Vilers, demandant à parler à la marquise.

Obéissant à la consigne qu'il avait reçue, le suisse lui barra le passage.

La femme insista. Elle avait, disait-elle, un dépôt à rendre à madame de Vilers.

Mais les événements, qui s'étaient passés lors de l'enlèvement de la marquise par le magnat, avaient rendu le suisse prudent.

— Quelle que soit votre mission, dit-il à la femme, j'ai ordre formel de ne laisser entrer personne sans l'autorisation de M. Joseph.

— Et où est-il, ce M. Joseph ? demanda la femme.

— Il est sorti avec madame la marquise. Revenez dans une heure.

— Revenir, revenir ! grommela la femme, qui ne paraissait pas d'humeur bien douce. Est-ce que vous croyez que je n'ai que cela à faire, moi ?... Si je viens ici, c'est pour rendre service, et voilà comme on me reçoit. Non, je ne reviendrai pas !... Vous direz à votre M. Joseph qu'il prenne la peine de passer d'ici à ce soir rue des Jeux-Neufs, que Babet, la servante de mame Toinon, a quelque chose de sérieux à communiquer à la marquise !...

C'était en effet Babet, la vieille bonne de mame Toinon, celle qui gardait la boutique pendant que sa maîtresse allait avec Tony au bal de l'Opéra.

Lors de son départ pour les Pays-Bas, c'était encore à Babet que mame Toinon, qui avait fermé sa boutique, avait confié la garde de la maison.

Or, si nos lecteurs s'en souviennent, quoique bonne femme au fond, Babet, dans la forme, n'était pas la douceur même. Aussi comme le suisse lui déclara que M. Joseph aurait probablement autre chose à faire que d'aller lui parler rue des Jeux-Neufs, se mit-elle dans une atroce colère.

Ses éclats de voix attirèrent l'attention de Réjane qui, guidée par le bruit, descendit jusqu'au milieu de la grande cour.

Dès qu'elle l'aperçut, Babet, malgré les efforts du suisse, courut à elle.

— N'est-ce pas, s'écria-t-elle, n'est-ce pas, ma jeune demoiselle, que ce gros ventru a tort, et que madame la marquise de Vilers me recevra ?

Réjane la regarda avec étonnement, puis, comme frappée d'une idée subite :

— Chut ! fit-elle en mettant un doigt sur ses lèvres, venez. C'est *lui* qui vous envoie ?

Et la pauvre enfant, qui ne cessait de penser à Maurevailles, entraîna la vieille Babet ébaubie.

Le suisse, ayant ordre de ne pas contrarier la jeune fille, haussa les épaules et rentra dans sa loge. Babet suivit ainsi Réjane jusque dans le boudoir.

— Ici vous pouvez parler, dit la pauvre enfant. Que me voulez-vous ?

— C'est un paquet que j'apporte.

— Un paquet ?

— Oui, pour madame de Vilers.

— Ah ! fit Réjane désappointée. Et qu'y a-t-il dans ce paquet ?

— Un coffret. Voici l'histoire. Je vous ai dit que j'étais la servante de mame Toinon, la costumière, qui est partie en me laissant la garde de la maison. Ce départ a naturellement été connu dans le quartier. Cette nuit, des voleurs sont entrés, ont tout brisé, tout fracturé, tout emporté. Ils n'ont laissé que ce qui leur a paru ne rien valoir pour eux.

— Eh bien, dit Réjane, pour qui tout ce qui ne concernait pas Maurevailles était indifférent, en quoi, ma bonne femme, puis-je vous être utile?

— Oh ! en rien, mademoiselle. Dieu merci, les quelques valeurs de ma patronne, que j'ai cachées moi-même en lieu sûr, n'y ont point passé... Mais voici pourquoi je viens :

Parmi les objets laissés par les voleurs, se trouve un coffret dont ils ont brisé la serrure. Ce coffret, que je ne connaissais pas à mame Toinon, ne contient qu'un manuscrit signé : « Marquis de Vilers ».

Naturellement je ne me suis pas amusée à le lire... ça ne me regardait pas... mais comme j'ai entendu souvent parler du marquis par mame Toinon, comme je sais que M. Tony était l'ami de M. de Vilers, j'apporte le coffret et les papiers. Si les bandits reviennent, ils ne les voleront pas !...

Et Babet tendit le manuscrit à Réjane, qui l'ouvrit machinalement.

Tout à coup la jeune fille tressaillit.

— Ah ! s'écria-t-elle, merci, merci. Tenez, madame, prenez, voici pour votre peine !...

Elle détacha son bracelet et le tendit à Babet étonnée.

— Merci, mademoiselle, dit celle-ci en faisant un geste de refus, ce n'est point pour avoir une récompense que je suis venue. Chez mame Toinon, on n'a besoin de rien...

— Je vous en prie, prenez ce bracelet, gardez-le en souvenir de moi... Je vous en saurai gré.

Cette fois Babet accepta un présent, si gracieusement offert, et s'en alla avec force révérences.

En passant devant la loge du suisse, elle eut une velléité d'y entrer pour humilier un peu de sa victoire le fonctionnaire trop zélé qui avait failli l'empêcher d'accomplir la mission qu'elle s'était tracée. Elle se contenta de lui lancer un regard de triomphant mépris.

....

Restée seule, Réjane s'était hâtée de parcourir avec avidité le manuscrit.

Ce qui l'avait frappée, lorsqu'elle y avait jeté les yeux, c'était un nom plusieurs fois répété : le nom de Maurevailles.

Ce nom avait, pour elle, prêté immédiatement au manuscrit une valeur inexprimable.

Si elle avait eu de l'argent sur elle, elle eût tout donné à Babet pour avoir ce manuscrit.

Mais, ayant la poche vide, elle avait offert son bracelet.

Maintenant elle lisait, ardemment, fièvreusement, concentrant toute son attention sur ce récit auquel était mêlé celui qu'elle aimait.

D'abord, ce ne fut pour elle qu'un amas de mots

confus, desquels sortaient seuls les noms propres.

Puis, peu à peu, le jour commença à se faire dans son esprit. Le manuscrit — que nos lecteurs connaissent — racontait le serment fait devant Fraülen, et expliquait les causes de la froideur de Maurevailles pour toute autre qu'Haydée, qu'il était condamné à aimer de par la parole donnée.

A mesure qu'elle lisait, une réaction se faisait dans son esprit bouleversé. Quand elle eut fini, la raison lui était revenue...

Haydée n'aimait point et ne pouvait aimer Maurevailles.

C'était donc à la jeune fille de se faire aimer de lui...

Elle le comprenait. Donc, elle était sauvée !

Après le manuscrit, Réjane lut la lettre qui était restée au fond du coffret.

Cette lettre, on s'en souvient, n'avait pour adresse qu'une initiale.

La suscription disait :

« *Au baron de C.... ou à celui qui trouvera ce coffret.* »

Ce qui avait autorisé Tony à rompre le cachet et l'avait, par la suite, lancé dans toutes les aventures que nous avons racontées.

Mais Réjane paraissait, en cela, mieux renseignée que Tony.

— Le baron de C... ? s'écria-t-elle. Mais c'est évidemment ce vieux baron de Chartille, qui, après avoir été l'ami intime du père de M. de Vilers, se fit presque le camarade du marquis. A quel autre mieux qu'à lui, en effet, pouvait-il songer à confier ses secrets intimes ? M. de Chartille était à la fois son père et son frère. Oh ! oui, c'est bien à lui qu'est adressé ce manuscrit. Il faut donc qu'il l'ait ! Lui, si bon, si brave ; lui, le modèle de l'honneur... Il nous protégera tous !...

Haydée rentrait à ce moment. Sa surprise fut extrême, quand elle entendit Réjane lui dire avec tranquillité :

— Sœur, ne te déshabille pas ; ne fais pas dételer ton carrosse. Conduis-moi, je te prie, chez le baron de Chartille. Lui seul peut nous sauver, toi et moi, et faire cesser nos douleurs.

X

A SAINT-GERMAIN

Le baron de Chartille était un de ces hommes dont notre vie moderne à toute vapeur a rendu les spécimens bien rares.

Haut de six pieds, la poitrine large et développée, bien campé, bien proportionné, le baron figurait à merveille l'Hercule antique dont il avait la stature et la vigueur.

On ne savait pas au juste son âge réel. Luimême prétendait l'avoir oublié. Mais on s'accordait pour dire qu'il devait être presque centenaire. Cela ne l'empêchait pas d'être solide, droit et ferme, comme les vieux chênes de la forêt de Saint-Germain, ses contemporains et ses amis.

Nous parlons de la forêt de Saint-Germain, car c'était là que le baron passait la plus grande partie de son existence.

Il habitait près du parc un vieil hôtel aux vastes salles où sa taille colossale était à l'aise. Par une faveur spéciale, due à ses services et à ses relations à la cour, il avait l'autorisation, bien rarement accordée, de chasser dans la forêt royale.

Cette autorisation, il en usait largement. Dès la pointe du jour, on pouvait le voir, le mousquet sur l'épaule, courir les allées, à la recherche des chevreuils et des daims, suivi d'un seul chien, choisi entre mille par le vieux baron qui avait été un des veneurs les plus expérimentés de son temps et qui se faisait fort, avec son unique limier, de faire plus de besogne que tous les gentilshommes de la cour, avec leurs meutes réunies.

Les habitants de Saint-Germain, qui le voyaient rentrer presque chaque jour, portant sur son épaule le gibier qu'il venait d'abattre, ne pouvaient songer à le démentir.

La chasse était le seul passe-temps du vieux baron, qui se retrempait ainsi dans l'exercice violent. Le soir, pourtant, il lisait dans son fauteuil quelques chapitres des *Traités militaires de Vauban,* ou quelques poésies de Malherbe. Il est vrai qu'après cette lecture, il gagnait vite son lit pour y dormir jusqu'au matin.

Avec une vie ainsi réglée, le baron venait fort rarement à Paris, où aucune affaire ne l'appelait. Il avait coutume de dire qu'il était trop vieux pour se déranger et que ceux qui voulaient le voir savaient le chemin de sa demeure, où un bon accueil les attendait.

Tel était l'homme auquel le marquis de Vilers

avait adressé son testament. Supposant que la cassette tomberait entre les mains de quelqu'un de sa famille qui saurait l'amitié toute particulière qui le liait au vieux baron, M. de Vilers n'avait pas pris la précaution de le désigner autrement que par son initiale. On a vu le résultat de cette négligence.

Quant au baron de Chartille, il avait continué à chasser dans sa forêt, sans s'étonner de l'absence de Vilers.

Dans les commencements, il s'était contenté de dire :

— Vilers me néglige. Les plaisirs de la cour lui font oublier son vieil ami. Je lui ferai des reproches.

Puis, apprenant la reprise de la campagne, il avait pensé :

— Vilers est parti. Il a repris du service. J'aurai de bonnes histoires de guerre à son retour. Cela me ragaillardira !...

Quand Réjane, montrant à sa sœur le manuscrit, lui dit qu'il fallait aller voir le baron de Chartille, ce nom fut pour la marquise un trait de lumière.

Elle se demanda comment elle n'y avait pas plus tôt pensé.

Réjane n'était donc plus folle? Bien au contraire, elle causait fort sagement. La foi en le baron de Chartille, l'espérance d'être mariée par lui à Maurevailles, l'avaient comme ressuscitée.

Quelques minutes d'entretien convainquirent la marquise de cette réalité si heureuse !

Elle donna l'ordre de partir immédiatement pour Saint-Germain.

La route parut longue aux deux femmes qui avaient hâte de voir le vieux baron et de savoir ce qu'il déciderait en cette affaire.

Cependant, le postillon, pressant un peu les chevaux, on arriva enfin à l'hôtel de Chartille.

Le baron, selon sa coutume, était dans son grand fauteuil. Il tenait ouvert sur ses genoux le célèbre *Traité de Vénerie,* de Jacques du Fouilloux, livre spécial, dédié à Charles IX, et qui était alors comme un oracle dans cette science aujourd'hui tombée en désuétude.

En apercevant les deux jeunes femmes, le baron ferma vivement son livre et se leva militairement.

— Bénis soient les dieux ! s'écria-t-il avec un fin sourire, puisqu'ils m'amènent en ce jour si charmante compagnie ! C'est bien à vous, marquise, de n'avoir pas oublié le vieux solitaire et de venir le voir dans son ermitage...

Mais remarquant tout à coup le voile de tristesse qui s'obstinait à altérer le sourire de la marquise :

— Mon Dieu, fit-il, que se passe-t-il donc ? Cette visite m'annoncerait-elle un malheur ? Est-ce que Vilers ?...

Ce fut Réjane qui lui répondit en lui tendant le manuscrit.

Il le parcourut fiévreusement.

— Oui, je savais déjà une partie de cette histoire, murmura-t-il en lisant l'histoire de Fraülen... Mais j'étais loin de soupçonner toute la vérité...

Il arrivait à la fin.

— Ah ! dit-il encore. Pauvre Vilers, toujours le même !... mais il n'y a rien à dire. J'étais ainsi, pis que cela peut-être, à son âge... Corbleu !.. j'espère bien que Lavenay ne l'a pas tué ?...

La marquise le mit alors rapidement au courant des événements qui s'étaient passés après le duel de Vilers et de Lavenay. Le vieillard, assis dans son fauteuil, la tête appuyée sur la main droite, écoutait ardemment.

Quand elle eut fini, il étendit la main vers le cordon qui pendait près de son fauteuil et sonna.

Un domestique apparut.

— Lapierre, dit M. de Chartille, va dire à mon cocher d'atteler tout de suite ma chaise de poste. Pendant ce temps, tu prépareras ma grande valise de voyage et tu feras tes bagages pour m'accompagner...

Habitué de longue date à l'obéissance passive, le domestique salua et sortit pour exécuter les ordres du baron.

— Où allez-vous donc ainsi ? demanda madame de Vilers étonnée.

— Aux Pays-Bas, parbleu !

— Comment, vous voulez ?...

— Vous me dites que Vilers a besoin de moi. Je me rends à son appel. Il est là-bas. J'y vais. Et s'il vit encore, je vous garantis qu'il vivra longtemps...

— Mais que comptez-vous donc faire ?

— Le débarrasser de ces gens qui le gênent. Quand ils ne seront plus là, il sera dégagé de son serment envers eux...

Le vieux baron disait cela avec une simplicité, une assurance stupéfiantes. C'était à croire qu'il s'agissait de la chose la plus simple du monde.

— Mais vous ne connaissez pas les autres Hommes Rouges ? dit madame de Vilers.

— J'en connais un, je les connaîtrai tous. J'avais, du reste, une vieille rancune de famille contre ce jeune Lavenay. J'ai eu, dans le temps, avec son grand père, une affaire dans laquelle celui-ci s'est assez mal conduit... Il a refusé de se battre avec moi, sous prétexte que j'étais trop jeune... Plus tard, j'ai eu aussi une querelle avec le père, Gaëtan de Lavenay, qui était alors lieutenant à Navarre-Infanterie... c'était un duelliste de profession, celui-là. Mais on a arrêté l'affaire, sous le prétexte que j'étais trop vieux... Je serai enchanté de régler une bonne fois mes comptes avec quelqu'un de la famille !...

— On le dit terrible à l'épée, objecta Réjane.

— Oh ! de notre temps, cela ne comptait pas... Tenez, il y a de cela une cinquantaine d'années... plus même, soixante ans au moins... nous étions dix gentilshommes qui avions fait un pari contre les meilleurs maîtres d'armes du régiment..... Il y avait là Chaverny, de Pons, Bressac et un Maurevailles qui devait être, à propos, le grand-père ou le grand-oncle de celui d'aujourd'hui. La rencontre eut lieu en plein jour, sur la place Royale... Eh bien, nous blessâmes les dix prévôts. De notre côté, il n'y eut que Bressac qui eut la cuisse traversée par l'épée d'un sergent de Saintonge... Ce fut une belle partie... On en parla pendant un mois à la cour...

Tout en bavardant, le vieux baron avait pris son épée, ses pistolets et son manteau de voyage. La berline était attelée et le postillon faisait claquer son fouet dans la cour. Lapierre plaçait sur le haut de la voiture la valise de son maître et la sacoche qui contenait ses effets personnels.

— Adieu, mesdames, dit le baron en baisant la main de la marquise et celle de Réjane. Retournez à Paris. Dans quelques jours, vous aurez des nouvelles...

Mais comme la marquise s'apprêtait à prendre congé de lui, Réjane, toute confuse, toute rouge, restait immobile et clouée sur son siège.

— Voyons, mon enfant, reprit le baron, on dirait que votre petit cœur n'est pas encore complètement déchargé... Parlez donc !

Elle balbutia quelques mots, inintelligibles pour le baron, puis se tut soudain.

— Ah ! je comprends, fit la marquise. C'est que,

parmi nos ennemis, il y en a un... qu'elle aime...

— Parbleu ! s'écria le baron. Toujours l'histoire de *Roméo et Juliette !* Et comment s'appelle-t-il, votre Roméo ?

— Le chevalier de Maurevailles... murmura Réjane.

— Eh bien, mon enfant, reprit-il en saisissant les mains de la jeune fille et en la conduisant auprès de sa sœur, soyez sans crainte. On le ménagera, votre Roméo. Et, si vous le désirez même, on vous le ramènera.

Réjane ne put se défendre de se jeter dans les bras de l'excellent baron qui n'avait point trompé son attente, puis se retira avec sa sœur...

XI

UN DE MOINS

Tandis que madame de Vilers et Réjane retournaient à Paris, le baron de Chartille brûlait la route.

Avec une vigueur incroyable à son âge et que lui eussent enviée bien des jeunes gens, il ne quitta, ni jour ni nuit, sa chaise de poste, ne s'arrêtant que pour relayer et se faisant apporter ses repas dans la voiture.

Enfin le baron arriva au camp, et après s'être fait reconnaître, demanda une entrevue immédiate à Maurice de Saxe.

Son nom était bien connu. Le maréchal s'empressa de recevoir le brave centenaire en s'enquérant avec déférence du motif évidemment grave qui pouvait l'amener à l'armée.

M. de Chartille le pria de vouloir bien faire mander les trois officiers avec lesquels il désirait avoir en sa présence un entretien sérieux.

Quelques minutes plus tard, Lavenay, Lacy et Maurevailles se présentaient.

Le baron voulut alors expliquer le motif du voyage; mais, dès les premiers mots, Maurevailles l'interrompit par cet aveu terrible :

— Vilers est mort !...

— Vilers est mort !... s'écria le centenaire avec douleur. Mort... Assassiné, sans doute ?...

Respectant l'âge et la douleur du baron, Maurevailles ne releva pas cette expression. Mais Maurice de Saxe, intervenant au débat, s'empressa de répondre :

— Le marquis de Vilers a eu la mort d'un brave ; celle que nous devons tous désirer : il a été tué à la prise de la citadelle d'Anvers...

— C'est une atténuation, dit le baron de Chartille en passant son gant sur sa paupière humide. On pourra du moins dire à sa veuve : Votre mari était un brave et loyal officier !...

Mais Lavenay, encore sous le coup de la nouvelle que lui avait apportée son courrier, s'écria :

— C'était un traître !

— C'était un traître !... répétèrent comme un double écho Maurevailles et Lacy.

— Que dites-vous, messieurs ? s'écria avec indignation le baron. Lui reprocherez-vous jusqu'au delà du tombeau une faute de jeunesse qu'il a expiée d'une si sublime façon ?

— C'était un traître !... répéta de nouveau Lavenay.

— Ah ! je vous remercie de me donner un démenti, monsieur de Lavenay !... s'écria le vieillard emporté par la colère. Je vais savoir enfin si, dans votre famille, il y a quelqu'un qui veuille croiser son épée contre la mienne. En garde, monsieur, en garde, ou, par Dieu, je vous marque au visage, pour que toute l'armée vous reconnaisse comme un lâche calomniateur !...

Le vieux baron avait redressé sa haute taille. Sa main impatiente faisait tournoyer son épée, qu'il avait tirée du fourreau. Maurice de Saxe crut devoir s'interposer.

— Mon cher baron, dit-il, je vous en prie, calmez-vous. M. de Lavenay regrette sincèrement de vous avoir offensé par des paroles que...

— Non, non, dit l'obstiné vieillard. Maréchal, vous, l'honneur en personne, je vous en supplie, laissez-moi châtier ce tourmenteur de femmes.

— Mais il nous faudrait des témoins, objecta Lavenay.

— En aviez-vous contre Vilers, sur la place Royale ? Cependant, prenons des témoins, je ne m'y oppose pas. Chevalier de Maurevailles, j'aurai à vous parler ensuite d'une malheureuse jeune fille, passez de mon côté. Vous, Lacy, secondez votre ami ! Mais, pour Dieu ! en garde, en garde !

Il n'y avait rien à répliquer. Lavenay tira son épée.

Mais l'assurance semblait l'avoir abandonné.

Aux attaques, à la fois furieuses et savantes du baron, il ripostait lourdement, mollement, arrivant à peine à la parade.

Deux fois déjà l'épée du vieillard avait effleuré sa poitrine, enlevant des lambeaux de drap... C'était vraiment un rude adversaire que le baron de Chartille !

Les témoins de cette scène en suivaient anxieusement les péripéties.

Tout à coup, l'épée du baron décrivit un cercle, prit celle de Lavenay en tierce pour l'écarter par un froissement rapide. Le fer suivit le fer, et la lame vint s'enfoncer jusqu'à la garde dans la poitrine du jeune homme qui tomba lourdement.

Il était mort.

— Je vous demande pardon, maréchal, de vous avoir fait assister à cette scène, dit froidement M. de Chartille en remettant son épée au fourreau. Vous, messieurs de Lacy et de Maurevailles, occupez-vous de votre ami. Je ne vous dis pas adieu, mais au revoir, car je reste ici jusqu'à nouvel ordre. Mon œuvre n'est pas faite...

XII

MA MÈRE !...

Dans la meilleure chambre de la maisonnette qu'elle avait louée au fond de l'un des faubourgs d'Anvers, mame Toinon veillait au chevet de Tony. Terrifiée par l'arrêt brutal du médecin qui, à première vue, avait déclaré le jeune homme perdu sans ressources, mame Toinon n'avait pas voulu accepter cet arrêt comme définitif.

C'est une particularité, souvent fort heureuse, de la nature humaine, d'accepter sans examen les bonnes nouvelles et de ne croire aux mauvaises qu'après un contrôle indiscutable.. Le second chirurgien que la mercière alla chercher fut beaucoup plus consolant que le premier.

— Votre soldat est fortement avarié, dit-il avec une grimace non équivoque, mais le coffre est solide et à cet âge-là il y a toujours de la ressource...

— Alors, monsieur, vous espérez...? demanda mame Toinon palpitante d'émotion.

— Je n'espère rien, sacrebleu ! dit le médecin

qui appartenait à la classe des bourrus bienfaisants, je vous dis que nous verrons et rien de plus. Il y a pas mal de déchirures dans la peau de ce garçon. Mais jusqu'à présent rien de cassé. Si l'intérieur n'est pas plus détérioré que l'extérieur... Enfin dans quelques jours je vous rendrai réponse... En attendant, soignons-le...

Ce fut tout ce qu'elle put savoir, mais c'était déjà beaucoup. Elle s'installa près du lit de Tony, se promettant de ne plus le quitter qu'il ne fût hors de danger.

Quelques jours se passèrent. Chaque matin le médecin venait et hochait la tête d'un air satisfait. Se méprenant, comme l'autre, sur la nature de l'affection qui liait mame Toinon à Tony, il murmurait :

— On vous le tirera d'affaire, votre chéri. Allons ! du temps et de la patience, voilà les grands remèdes qui valent mieux que tout.

De la patience, elle n'en manquait pas, la bonne et charmante femme. Certes, elle ne s'impatientait pas au chevet de Tony. N'était-ce pas pour lui, pour le revoir, pour être auprès de lui qu'elle avait quitté Paris, ses affaires, son magasin, tout ?

Auprès du malade, dans les longues heures, elle songeait ; et, malgré elle, les paroles des deux médecins lui revenaient à l'idée.

— Est-ce votre mari, votre amant ? avait demandé l'un.

— On vous le sauvera, votre chéri !.. s'était écrié l'autre.

C'était donc possible !... Malgré la différence d'âge qui les séparait, Tony pouvait donc, sans trop étonner le monde, devenir son amant, son mari ?...

Malgré elle, elle s'avouait que le sentiment maternel qui l'avait portée à recueillir, à élever Tony, s'était modifié avec le temps, sans qu'elle s'en rendît compte. Elle avait vu l'enfant grandir, devenir homme et peu à peu, son affection pour lui avait pris une autre forme... Que de fois elle avait remarqué avec orgueil combien Tony se faisait beau garçon... Que de fois, lorsqu'elle l'avait vu plaisanter avec quelqu'une des fillettes du quartier, elle avait senti en elle un inconscient malaise, une contrariété jalouse !... A cette heure où elle était là, prête à donner sa vie pour le sauver, elle ne pouvait plus se le dissimuler ; ce qui dominait en elle, ce n'était pas le dévouement de la mère pour son fils, c'était la passion folle de l'amante pour l'amant.

Mais, lui, lui, Tony... l'aimait-il ?

Hélas ! il était là, gisant encore sans connaissance, enveloppé de bandelettes, en proie à une horrible fièvre, incapable de parler, de comprendre même... Était-elle sûre seulement de le sauver ? Devait-elle demander à Dieu l'amour de Tony, alors qu'elle en était encore à implorer sa vie ?

Mais, tout à coup, elle se rappelait l'incident de la citadelle, quand la bouche de Tony à demi évanoui s'était collée sur sa main... O souvenir cruel et doux à la fois ! Ce baiser la brûlait... Elle eût voulu l'effacer de sa mémoire, et ses lèvres fiévreuses le cherchaient à tout instant sur sa main.

Ah ! ce baiser !... Pour recevoir seulement le pareil, elle donnerait le paradis !

. . . .

Il était onze heures du soir. Vaincue par la fatigue, la vaillante femme s'était assoupie sur son fauteuil.

Un mouvement du malade la tira de sa torpeur Tony s'agitait faiblement. La fièvre avait augmenté, le délire était venu. Le jeune officier murmurait à demi-voix des paroles inintelligibles.

— Qu'as-tu, Tony, mon trésor ? Parle, parle, demanda la jeune femme.

— Ma mère !... dit le blessé, dont le visage s'illumina d'une expression de béatitude.

Ainsi, il l'appelait sa mère ! Lui-même ne voulait être que l'enfant de mame Toinon...

Et la pauvre exaltée, ramenée par cet unique mot au sentiment réel des choses, eut le courage de refouler dans son cœur toutes ses pensées de *femme* pour n'être plus que *mère*.

— Que veux-tu, cher enfant ? demanda-t-elle avec empressement en ne pensant déjà plus aux rêves fous qu'elle venait de faire, pour ne plus songer qu'au rôle maternel dont elle s'était chargée.

— Ma mère ! répéta Tony.

Mais la fièvre du malade augmentait. Faisant, pour se soulever, des efforts qui lui arrachaient de sourds gémissements, il semblait se débattre contre un ennemi inconnu. Dans son délire, il poussait des cris terribles, appelant ses amis à son aide, repoussant mame Toinon qui s'efforçait en vain de le contenir et de le calmer.

La pauvre femme, effrayée, envoya au plus vite chercher le médecin. En apercevant le malade, celui-ci hocha la tête:

— Voilà la crise que j'appréhendais, dit-il. Elle peut le sauver, elle peut l'emporter.

— Mais ne sauriez-vous calmer cette horrible fièvre?

— Eh ! je n'ose l'essayer... Écoutez : vous m'avez dit, je crois, que vous aviez de l'argent ?...

— Oui, docteur ; et s'il en faut encore, j'enverrai à Paris. Je vendrai tout ce que j'ai... Si cela ne suffisait pas, j'ai des amis, je les verrais... Quelle que soit la somme nécessaire, je l'aurai, Dites, dites vite... Que faut-il ?

— Oh ! pas autant que vous pourriez le croire... Je veux simplement vous proposer de faire venir mon éminent collègue le docteur Van Hülfen. Il a spécialement étudié ces maladies du cerveau et pourra nous être d'un grand secours. Seulement, comme c'est un vieux savant qui n'aime pas à se déranger, surtout la nuit, sans être grassement payé...

—Ah ! qu'importe ! courez, courez, docteur; amenez-le. Tout ce qu'il voudra, mais qu'il le sauve!...

Le chirurgien sortit et revint bientôt avec le docteur Van Hülfen.

Le délire de Tony était à son plus haut période.

Le docteur Van Hülfen considéra avec attention le malade, et, non sans quelque difficulté, parvint à lui saisir le poignet.

— Hum! hum! dit-il, en regardant sa grosse montre d'argent historié et découpé, cent vingt-deux pulsations à la minute... C'est beaucoup, beaucoup... Il faut réduire cela...

Puis se tournant vers mame Toinon :

— Donnez-moi un grand drap, dit-il.

— Un drap?

— Oui, un drap de lit.

La mercière s'empressa de le satisfaire.

— Maintenant, de l'eau!...

— De l'eau tiède? dit mame Toinon.

— Non pas. De l'eau froide, glacée même, si c'est possible.

Il y avait dans la maison un puits très profond. On courut y puiser un seau d'eau fraîche.

Le docteur y trempa le drap, et, aidé de son collègue, le glissa sous Tony...

— Mais vous allez le tuer... il est tout en sueur! s'écria mame Toinon stupéfaite.

Sans s'inquiéter des craintes de la mercière, le vieux savant qui, devançant les idées modernes, avait découvert un traitement dont ne se servent pas encore nos docteurs — peut-être parce qu'il abrégerait le nombre des visites, — enveloppa Tony dans le drap mouillé et le maintint, malgré sa résistance, dans cette enveloppe glacée.

— Quatre-vingts !... dit-il en consultant après quatre minutes le pouls du malade. Le délire n'existe plus...

En effet Tony semblait beaucoup plus calme.

— Laissez-le dans ce drap, continua le vieux praticien. Seulement, comme l'eau s'échauffe, vous le rafraîchirez toutes les trois heures. Vous ferez bien d'avoir deux draps pour alterner. Adieu, madame. Mon cher collègue, au revoir, vous n'avez plus besoin de moi !...

Mame Toinon voulut insister pour le payer.

— Allez, dit-il, soignez votre malade, vous me paierez quand il sera debout. Vous avez bien entendu ?... De l'eau fraîche... toutes les trois heures... jusqu'à demain. Au revoir !...

Il sortit. Le chirurgien le suivit.

Mame Toinon resta seule pour soigner son Tony.

Vingt-quatre heures se passèrent, au bout desquelles la fièvre disparut complètement.

Mais Tony continuait à répéter :

— Ma mère !...

— Oh ! oui, dit mame Toinon, tu as raison, je suis ta vraie mère...

Le malade sourit :

— Vous ?... dit-il. Oh ! non. Vous m'aimez, je le

sais bien et je ne vous le rendrai jamais assez. Mais vous n'êtes pas ma mère... Ma vraie mère, je l'ai vue... ou du moins j'ai vu son portrait, car elle, ma mère, est morte ! Ce n'est plus qu'en rêve que je puis la revoir ! ... Ah ! j'étais bien heureux tout à l'heure.

— Mon Dieu ! s'écria mame Toinon, voilà le délire qui le reprend...

— Non, dit Tony, je n'ai pas le délire. Je vous dis que j'ai vu le portrait de ma mère...

Et il lui raconta comment avait été découverte sa parenté avec le marquis de Langevin, comment celui-ci lui avait montré le médaillon où se trouvait le portrait de sa mère, mais en lui disant qu'elle n'existait plus...

Mame Toinon était aussi émue que lui.

— Oui, elle est morte, répondit Tony, et je ne tarderai pas à la rejoindre. Je ne donnerais pas mon bonheur pour cent années d'existence !

— Toi, mourir ! s'écria la jeune femme ; oh ! non, tu ne mourras pas. Tu es sauvé, au contraire. Il t'a admirablement soigné, le bon docteur, et je continuerai son œuvre, je te le jure !

La chère femme était dans l'ivresse.

Non seulement son Tony allait de mieux en mieux, mais encore ce n'était pas elle qu'il appelait sa mère !

Et il l'aimait pourtant !

L'aimerait-il donc comme elle voudrait si ardemment qu'il l'aimât ?...

XIII

L'OFFICE FUNÈBRE

En présentant à nos lecteurs le baron de Chartille, nous avons dit que son existence était très méthodiquement réglée.

Or, dans l'emploi de son temps, la religion avait sa part.

De même que, chaque matin, on était sûr de le voir, quelque temps qu'il fît, partir le fusil sur l'épaule, de même, tous les dimanches, on le voyait dans l'église de Saint-Germain, où sa place était réservée, écoutant la grand'messe et dominant de sa haute taille les fidèles qui l'entouraient.

Aussi, après avoir vengé son ami Vilers, son premier soin fut-il de faire dire une messe pour le repos de son âme.

Il s'adressa au maréchal de Saxe et lui demanda la permission de disposer de ses soldats pour rendre la cérémonie plus digne.

Maurice de Saxe la lui accorda avec empressement.

Quant aux soldats, ce fut à qui serait admis à prendre part à ce travail destiné à honorer le souvenir d'un brave.

En quelques jours, un autel colossal fut élevé au milieu du camp, autel fait de bois et de terre, orné de branches de feuillage, décoré de faisceaux d'armes et de trophées de drapeaux. Avec un goût parfait, les soldats disposèrent de chaque côté de l'autel improvisé des pièces de canons détachées de leurs affûts et mises en croix, autour desquelles des lames de sabres formaient une étincelante auréole, tandis qu'une haie de hallebardes et de mousquets, savamment entremêlés, formait comme un berceau au-dessus de l'officiant.

Il fut décidé que chaque régiment enverrait un détachement à la cérémonie, et que les tambours, trompettes et musiques, viendraient en relever l'éclat.

La cérémonie allait commencer, lorsque trois soldats des gardes-françaises vinrent solliciter l'honneur d'être reçus par le baron.

Il les fit entrer.

— Monsieur le baron, dit l'un d'eux avec un fort accent méridional, nous n'avons pas l'honneur d'être connus de vous. Mais nous pensons que vous ne nous en voudrez pas de vous déranger quand vous saurez que nous servions tous trois dans la compagnie du capitaine de Vilers que nous aimions...

— Que nous aimions beaucoup... appuya comme un écho le second garde-française, en lequel on a déjà reconnu le Normand, inséparable compagnon du Gascon.

— Et pour qui nous aurions donné notre vie, murmura d'une voix à peine intelligible le troisième, qui semblait avoir une extrême difficulté à émettre des sons et dont le nez rouge prenait, grâce à l'émotion, des teintes violacées.

Celui-là, c'était Pivoine.

— Vous avez eu raison, mes amis, dit le baron. Parlez. De quoi s'agit-il ?

— Eh bien, donc, reprit la Rose, nous avons une prière à vous adresser. Vous avez probablement entendu parler d'un jeune officier qui conduisait les vingt hommes sur la brèche, le jour de l'explosion...

— Le cornette Tony ?...

— Oui, monsieur le baron, un brave et digne jeune homme, engagé depuis six mois à peine et qui pouvait aspirer au plus bel avenir...

— Au plus bel avenir ..., répéta le Normand.

— Nous l'aimions tous...

— C'est lui qui m'a crevé la gorge, chuchota Pivoine en passant sa grosse main sur ses yeux humides de larmes ; mais je ne lui en voulais pas ; au contraire, c'est pour cela que je l'aimais... quel joli tireur cela eût fait !... Ah ! je voudrais qu'il fût là, quand même ce serait pour me flanquer encore un coup de pointe !...

— Tony a été l'ami du marquis de Vilers, reprit La Rose. Je puis même dire qu'il lui a rendu de grands services. Enfin ils sont morts ensemble.

— Je vous entends, mes enfants, dit le baron d'une voix émue. vous venez me demander de comprendre Tony dans les prières qu'on va dire pour le marquis de Vilers... Non seulement j'y consens de grand cœur, mais encore je vous remercie de m'y avoir fait penser, car c'est justice. Oui, allez dire à vos camarades que les noms du capitaine de Vilers et du cornette Tony seront unis, dans la cérémonie qui se prépare, comme eux-mêmes ont été unis dans la vie et dans la mort. Bien plus, on pensera dans les prières à tous ceux qui ont péri avec eux et qui n'ont ici ni ami, ni frère pour les représenter...

— Ah ! merci, merci, monsieur le baron, s'écria La Rose ; toute l'armée vous bénira !... Je ne suis qu'un pauvre soldat, mais si vous avez besoin de la vie d'un homme...

— De deux hommes... dit le Normand.

— De trois hommes, sacrebleu ! essaya de s'écrier Pivoine ; je ne peux plus faire de discours, mais j'ai encore le poignet solide...

— Allons, c'est bien, mes enfants, dit le baron que l'émotion commençait à gagner ; le temps se passe. Il faut penser à la cérémonie.

Les trois soldats prirent congé du baron pour

avertir leurs camarades du succès de leur démarche.

Une heure après, un coup de canon annonçait le commencement du service funèbre.

Comme nous l'avons dit, de nombreux détachements y assistaient.

En outre, presque toutes nos connaissances s'y revoyaient côte à côte.

Le maréchal de Saxe, toujours traîné dans sa petite carriole d'osier et en grand uniforme, s'était fait placer au milieu du carré des troupes. A sa droite se tenait debout le marquis de Langevin, également en tenue ; à sa gauche, le marquis de Chartille.

Derrière eux se trouvait le comte de Clermont-Prince, qui avait dirigé les opérations du siège d'Anvers, et qui avait chargé Tony de la terrible mission où il avait perdu la vie.

Puis, les officiers du régiment de Bourgogne, où Tony était cornette ; ceux des gardes-françaises, anciens compagnons du marquis de Vilers.

Enfin, tout honteux de la place d'honneur qu'il occupait, Ladrange, le soldat qui avait eu le poignet cassé à la prise du château du margrave, et qui avait gagné les galons de brigadier en même temps que Tony conquérait l'écharpe ; Briançon, le sergent qui, seul, avait survécu à l'explosion d'Anvers ; Pivoine, La Rose et le Normand.

Sur le côté, deux femmes pleuraient, inclinées ; c'étaient maman Nicolo et Bavette.

Mais (chose étrange !) seule, mame Toinon manquait. Son absence ne tarda pas à être remarquée. Maman Nicolo surtout, malgré sa douleur réelle, ne pouvait s'empêcher de regarder de temps en temps autour d'elle.

Bavette profitait naturellement de l'occasion pour faire de même.

— C'est bien singulier... murmuraient-elles après chaque vaine recherche.

Le baron de Chartille ne tarda pas à remarquer cette attitude, qui finit par l'intriguer au plus haut point. Une idée lui vint.

Il avait fait une enquête auprès du maréchal de Saxe, du marquis de Langevin, des Hommes Rouges. Cette enquête ne lui avait appris que la mort de Vilers, qui restait sans preuve matérielle. Il se dit que, peut-être, en interrogeant les petits, il obtiendrait de meilleurs résultats qu'en continuant à s'adresser aux grands.

— Après la cérémonie, pensa-t-il, je causerai avec ces femmes.

Le prêtre avait dit l'absoute. Les troupes se retiraient. Prenant congé de Maurice de Saxe et du colonel de Langevin, le baron se dirigea vers maman Nicolo.

Mais, en chemin, la conversation de deux hommes l'arrêta.

— Et pourtant, mon vieux, si ça allait être comme la dernière fois !... disait le Gascon La Rose.

— Ma foi, répliqua le Normand, cet homme-là a pour spécialité de ressusciter. Tant qu'on n'aura pas retrouvé son cadavre...

— De qui parlez-vous donc ? s'écria M. de Chartille en s'approchant.

— Dame, monsieur le baron, du capitaine de Vilers. C'est une idée qui vient de me surgir, dit La Rose.

— Laquelle ?

— Qu'il n'est peut-être pas mort.

Le baron eut un mouvement de joie.

— Et qui vous fait penser cela ? demanda-t-il.

— Le passé. Voyons, écoutez. La première fois, M. de Vilers est blessé à mort. On le porte aux caveaux du Châtelet. On le couche sur les dalles. On le met en bière. On fait son enterrement... Crac, il reparaît à Blérancourt juste à temps pour nous donner un rude coup de main, à ce pauvre Tony, au Normand et à moi.

— C'est juste. On m'a parlé de cela. Après ?

— Après ?... Il trouve un gouffre, une espèce de puits sans fonds, percé dans un labyrinthe ; il tombe dedans... On le croit perdu... Ah ! bien oui. Il en sort par une écluse dont nous profitons du même coup, Tony et moi.

— C'est prodigieux, en effet. Ensuite ?

— Ensuite, il part pour se faire tuer. Tout le monde le dit mort. Ah ! ouiche. Tony va sur le rempart de la citadelle d'Anvers... Juste en face de lui se dresse le prétendu mort qui l'avertit de prendre garde...

— Eh bien ?

— Eh bien, monsieur le baron, en réfléchissant à tout cela, pendant la messe, je me demandais si vraiment le marquis de Vilers était mort, et si, comme les autres fois, nous n'allions pas, dans un moment critique, le voir tout à coup reparaître plus vigoureux que jamais !...

Ce que disait le brave La Rose était certainement bien invraisemblable ; pourtant cela concordait tellement avec les désirs du baron qu'il ne put s'empêcher d'y songer aussi.

Et ce fut dans cette pensée qu'après un adieu amical aux deux soldats, il se dirigea vers la cantine de maman Nicolo, qu'on lui avait précisément fait remarquer la veille.

Là il fut question d'un bien autre sujet.

La petite Bavette, très loquace de sa nature, parla au baron de l'amour que Toinon portait à son fils adoptif, Tony. Bavette, dont le cœur avait, dès le premier jour, battu pour le jeune garde-française ; Bavette, qui avait tremblé pour son bonheur en voyant Tony devenir sergent, puis officier, Bavette n'avait pas constaté sans un violent sentiment de jalousie, la façon dont mame Toinon traitait Tony. Son cœur de femme ne s'était pas trompé sur la nature de l'affection de la costumière pour son fils adoptif. Mame Toinon pouvait s'y méprendre. Bavette, non.

Aussi avait-elle été fort étonnée de ne pas voir mame Toinon au service funèbre. Cela l'avait amenée à songer que, depuis le jour fatal, on ne l'avait pas revue. Que lui était-il arrivé ? Qu'avait-elle fait ? Était-elle repartie pour Paris ? Ce n'était pas probable...

— Mais elle n'a pas même paru aux recherches qui ont été faites, fit observer maman Nicolo.

— Une pareille indifférence est inadmissible. Mame Toinon n'est pas femme à agir ainsi... Il y a une raison.

— Oui, il y a un motif ; mais lequel ?

Lequel ? Voilà où l'on s'arrêtait. Ni maman Nicolo ni Bavette ne pouvaient découvrir la cause de l'inexplicable disparition de la mère adoptive de Tony. Mais toutes ces indécisions étaient de nature à intriguer davantage encore le baron. Les soupçons grandissaient de plus en plus dans son esprit.

— N'y a-t-il point connexité entre ces diverses disparitions ? se demandait-il.

Et il se promit de rechercher mame Toinon.

Mais pour cela, comme il ne la connaissait pas, il lui fallait des aides. Il se demanda s'il ne ferait pas bien d'être accompagné par l'un des soldats qui étaient venus chez lui le matin. Il se promit de leur parler et de demander pour eux à Maurice de Saxe les quelques jours de congé nécessaires pour un voyage à Anvers.

Comme il rentrait chez lui dans cette intention,

il aperçut justement les trois hommes attablés avec un singulier personnage, dont la stature minuscule faisait un singulier contraste avec la haute taille des soldats.

Ce personnage, ne le devine-t-on point ? c'était le nain de Blérancourt, qui, selon l'intention qu'il en avait manifestée, venait de rejoindre ses amis les gardes-françaises.

— Ainsi, disait sérieusement le nain, il n'y a pas moyen de s'engager parmi vous ?

— Tu veux rire, mon ami Goliath, répliqua Pivoine en frappant du poing sur la table, si tu m'avais proposé cela quand je faisais les enrôlements à la porte du *Sergent recruteur,* à Paris, je t'aurais pris par la peau du cou et collé dans une niche... Ici, c'est différent, tu es un ami... trinquons !

Le nain versa à boire et huma une large lampée. Les gardes-françaises le regardèrent avec admiration.

— Pour bien boire, dit La Rose, je dois te rendre cette justice que tu bois royalement... Si tu avais seulement deux pieds de plus...

— C'est ennuyeux, cela ! s'écria le nain. J'étais né pour être soldat, moi. La vie de château ne me plaît plus du tout, depuis que je vous ai connus là-bas.

— Ah ! ah ! voyez-vous le gaillard !

— Et puis, ce n'était plus tenable. Figurez-vous que, depuis que le vieux bonhomme n'est plus là, le traban est devenu insupportable. Il économise sur tout ; il surveille tout ; il a les clefs de toutes les armoires. Croiriez-vous que cet animal joue au maître et est plus dur que ne le serait n'importe quel seigneur ?... Ma foi, je n'ai plus hésité, j'ai pris mes petites économies... et je me suis mis en route... je voulais vous retrouver, ça n'a pas été long...

— C'est vrai. Vous êtes un malin, vous ! dit le Normand.

— N'est-ce pas ? Ah ! si on voulait, je serais joliment utile, moi... Je trouve tout. Et puis, je comptais sur le capitaine de Vilers !... Enfin !... Heureusement j'ai d'autres amis ici !

Et il leur tendit les mains.

— A ta santé, Goliath ! fit La Rose.

— A ta santé !..

— A la vôtre, mes braves !...

Mais, à ce moment, le nain se retourna. M. de Chartille venait de lui frapper sur l'épaule.

Le baron s'était dit tout à coup que ce nabot était peut-être l'homme qu'il lui fallait. Le nain avait été à Blérancourt, il paraissait savoir bien des choses. En sa qualité de bossu, il était intelligent et intrigant comme tous les gens marqués au B. Ce pouvait être une acquisition précieuse.

Le baron lui fit signe de venir avec lui. Sur un geste de La Rose, le nain se leva et suivit le dernier protecteur de la marquise :

— Tu parlais du capitaine de Vilers, dit M. de Chartille, tu le connais donc ?

— Je crois bien, je lui ai sauvé la vie !... C'est moi qui avais ouvert l'écluse...

— Et le caporal Tony, tu le connaissais aussi ?

— Parbleu !... je lui ai sauvé la vie aussi. Ils barbotaient ensemble.

— Eh bien, découvre-les-moi, morts ou vivants, et ta fortune est faite...

— Ma fortune ! mais alors c'est une inspiration du ciel qui m'a amené ici. Comptez sur moi, mon gentilhomme, et préparez votre argent. Vous verrez, je trouve tout, moi !... je trouve tout.

XIV

LE COUP DU MOUSQUET

Comme les autres officiers des gardes-françaises, Maurevailles et Lacy avaient assisté au service funèbre de M. de Vilers.

Mais, après cette cérémonie, ils s'étaient occupés d'une autre non moins triste. Ils avaient, sans apparat et sans pompe, procédé aux obsèques de leur ami Lavenay.

Au retour ils causaient, et, naturellement, ne parlaient que du baron.

Ce personnage, quasi fantastique, sorti tout à coup de l'ombre, leur semblait le mystérieux vengeur qui, dans les légendes, apparaît tout à coup.

Que devaient-ils faire ? Quel parti prendre ?

Fallait-il venger la mort de Lavenay ? Fallait-il provoquer ce vieillard ?

Il y avait vraiment là une question de délicatesse et d'honneur très difficile à résoudre. Certes, le baron, malgré son âge, était encore un rude jouteur ; Lavenay en avait fait la dure expérience. Cependant, c'était presque se mettre au ban des honnêtes gens que de tuer cet homme, que sa vieillesse mettait déjà si près de la tombe et dont tout le monde, depuis quarante ans, honorait et respectait les cheveux blancs.

— A mon avis, dit Maurevailles, le meilleur est de l'éviter, de le dérouter, de le fuir. Une fois que nous lui aurons fait perdre nos traces, nous pourrons terminer notre tâche.

— Ton idée alors serait ?...

— De voir le maréchal et de lui demander la permission de nous absenter quelques jours pour aller à Paris. Voilà les opérations suspendues. On ne nous refusera pas cette faveur...

— Et après ?

— Après, le baron se mettra à notre recherche ; mais ce sera bien le diable si nous ne réussissons pas à lui faire perdre notre trace jusqu'au moment où nous n'aurons plus rien à redouter de lui.

— Quel moyen emploieras-tu pour cela ?

— Le meilleur, car il faut à la fin que j'arrive à mon but. Décidément je ne dois pas songer à Réjane. Cette enfant a pour moi un caprice de pensionnaire qui passera. Celle que je veux et qui m'est due, c'est Haydée. La nouvelle preuve d'amour qu'elle a donnée à son mari, loin de me rebuter, m'irrite et m'attire.

— Mais, maintenant, elle ne voudra plus jamais t'épouser, objecta Lacy.

— Pourquoi donc ?

— Une fois mère, elle se donnera tout entière à son enfant.

— Eh bien, raison de plus !...

— Je ne comprends pas.

— C'est cet amour maternel qui va me fournir mon moyen. Un enfant ne se défend pas. Que nous soyons là au moment opportun ; que cet enfant qu'elle va mettre au monde soit à nous et, pour le ravoir, pour lui éviter toute souffrance, la mère fera ce que nous voudrons.

— C'est vrai, dit Marc de Lacy. Tu as raison, nous n'avons pas le choix des moyens. Il faut, comme tu le disais, en finir une bonne fois.

Ils se rendirent chez le maréchal qui leur accorda un congé, se chargeant d'avertir de ce congé leur chef immédiat, le marquis de Langevin.

Les deux officiers pressèrent leurs préparatifs de départ.

Ils les terminaient quand un soldat vint leur annoncer que le baron de Chartille demandait à leur parler.

Ils échangèrent un regard.

— Encore cet homme ! s'écria Maurevailles.

— Il apparaît juste au moment où nous espérions l'éviter.

— Nous ne devons pas avoir l'air de trembler devant lui, pourtant !

— Qu'il entre. Autant vaut que nous sachions à quoi nous en tenir.

Le baron entra, droit et grave, et, après avoir salué les deux gentilshommes, jeta un regard rapide autour de lui ; les préparatifs de départ ne pouvaient le tromper sur leurs intentions.

— Si je ne m'abuse, messieurs, dit-il avec une nuance d'ironie, vous songez à quitter le camp ?

Maurevailles fit un signe affirmatif.

— C'est fâcheux, reprit le baron, car, moi-même m'absentant pour quelques jours, j'aurais été heureux de savoir où vous retrouver. Faudrait-il donc que je vous tuasse tous les deux pour vous empêcher de fuir en mon absence ?

A ces paroles provocatrices, Lacy et Maurevailles, oubliant malgré eux leur résolution de ne pas se battre, s'élancèrent, l'œil en feu, vers le baron.

— Là, là, tout beau, messieurs, dit le vieillard, souvenez-vous de votre ami.

— Et c'est précisément parce que je m'en souviens, s'écria Maurevailles, pâle de colère, que je veux le venger ou mourir comme lui !...

— Vous, monsieur de Maurevailles, vous êtes malheureusement le seul homme que je ne puisse pas toucher de mon épée. Je crois même que si je vous voyais en péril, je vous sauverais. Votre vie m'est sacrée... J'en ai besoin.

— Mais moi ? demanda Lacy.

— Oh ! vous, répondit à Lacy le baron de Chartille, je suis prêt à vous tuer quand cela vous fera plaisir, quoique vraiment j'aie déjà versé assez de sang. En ce moment, je vous le jure, je serais enchanté de rester en paix avec vous, à la condition toutefois que vous me donniez votre parole de ne pas vous éloigner.

— Et cette promesse, à quel titre l'exigez-vous ?

— Au seul titre d'un honnête homme qui veut le dénouement d'une intrigue sans nom, d'une infamie où l'honneur véritable, tous les intérêts, tous les sentiments d'une femme sont engagés. Vous ne partirez pas ! Je ne sais quelle infamie vous préparez. J'ai besoin de vous savoir toujours au camp. Messieurs, dites-moi que vous ne partez pas !...

— Pierre ! appela Maurevailles.

Le soldat qui avait introduit le baron parut.

— Place ces valises derrière nos chevaux. Nous nous mettons en route sur-le-champ.

A cette réponse, le baron, à son tour, était devenu blême :

— Je vous ai dit, messieurs, que vous deviez rester ici, prononça-t-il d'un ton sec.

— Et nous vous répondons, baron, que nous voulons partir.

— Je saurai bien vous en empêcher !...

— Comment ?

— Avec ceci, rugit le baron en mettant la main sur la poignée de son épée.

— J'avais cru comprendre, fit observer Maurevailles, qu'un motif inconnu de nous, mais très impérieux, vous défendait de vous battre avec moi.

— Avec vous, oui, monsieur de Maurevailles, mais non avec votre ami Marc de Lacy.

— Eh bien, moi, monsieur le baron, je vous répondrai que, tant que vous n'aurez point croisé le fer avec moi, mon ami M. Marc de Lacy me fera la grâce de ne pas se battre. Le tuerez-vous, s'il ne se défend pas ?

— Ah ! c'est trop fort ! s'écria le baron, en mettant l'épée à la main.

Mais, prompt comme l'éclair, Maurevailles avait saisi un mousquet qui se trouvait accoté dans l'angle de la pièce. D'un coup de crosse, il brisa en deux l'épée du vieillard.

Celui-ci poussa un cri de fureur.

— Lâche ! lâche ! cria-t-il.

— Viens, Lacy, dit Maurevailles en ouvrant la porte. Monsieur le baron, vous êtes chez vous. Soyez tranquille, nous reviendrons !

XV

SOUS LA TONNELLE

Le baron de Chartille resta tout décontenancé par la fuite de Lacy et de Maurevailles. Certainement il s'attendait à tout autre chose qu'à ce dénouement.

Il se demanda un instant s'il ne devait pas monter à cheval et courir après les fugitifs. Mais le soin de rechercher le marquis de Vilers et Tony le retenait aux Pays-Bas.

Il prit donc le parti de retourner chez lui où le nain l'attendait. Il avait hâte de causer avec cet étrange personnage et de savoir quel parti il en pourrait tirer.

Le trajet suffit à calmer le vieillard qui se creusa la tête pour combiner un plan de campagne. Il tenait plus que jamais à arriver promptement à son but.

On était alors en plein été et le beau soleil, qui faisait reluire au loin les casques et les armes, rendait au centenaire ses forces de vingt ans. Il lui semblait encore être à l'époque où à peine sorti de page, il faisait ses premières armes.

— Qu'ils courent vers Paris, se disait-il, tout gaillard. Vrai Dieu, ils auront affaire à forte partie. La marquise sera bien gardée. Je lui donnerai un défenseur dont il me coûte d'invoquer l'aide, mais je n'ai pas le choix des moyens. Pendant que j'éclaircirai le mystère qui plane sur la mort de Vilers, je leur montrerai que fuir ne sert de rien avec moi !

Et il fouetta son cheval. Il avait hâte de voir le nain, qui, seul, pouvait l'aider dans ses recherches !

De ce beau soleil de juillet, de cet air embaumé qui réjouissaient tant le baron, une autre personne profitait aussi ; une personne qui, pour protéger la marquise, lui eût été, si le nain l'avait déjà trouvée, un auxiliaire bien plus utile que celui dont il se proposait de demander le secours, quelque important que fût ce secours.

Nous voulons parler de notre ami Tony.

Grâce à la cure miraculeuse du docteur Van-Hülfen, le jeune officier avait triomphé de la crise qui devait l'emporter ou le sauver. Depuis, il reprenait des forces à vue d'œil.

Le lendemain du jour où avait eu lieu le service en son honneur, Tony dit à mame Toinon.

—Qu'il fait beau, ce matin !... Il me semble que l'air de la campagne me ferait du bien !...

— Mais es-tu assez fort ?... Ne crains-tu pas que la marche te fatigue ? répondit l'excellente femme.

— Oh ! rien qu'une petite promenade...

— Eh bien, soit ! Habille-toi...

Donc le blessé et sa garde-malade sortirent, marchant tout doucement d'abord, Tony s'appuyant sur le bras de sa compagne, qui tressaillait à chaque pression involontaire. Puis, peu à peu, enivré de grand air et de lumière, humant à pleins poumons les senteurs des prés, notre héros se mit à courir, se prétendant plus fort que jamais, défiant mame Toinón de le suivre.

— Tony ! Tony ! tu vas te fatiguer ! criait la jeune femme, moitié riant, moitié fâchée. Je vais te gronder, Tony... Tony, pas si vite !

Et elle courait derrière lui, prenant sa part du jeu, oubliant ses chagrins dans la joie de revoir si agile et si dispos celui qu'elle avait tant craint de perdre.

— Tony, je t'en supplie, repose-toi.

Et elle le prenait par le bras, le retenant, pour le laisser s'échapper de nouveau et courir après lui.

A ce jeu, sans s'en apercevoir, ils s'étaient éloignés de la ville. Le temps passait vite. Il était près de midi.

— Oh ! que j'ai faim ! dit Tony en s'arrêtant.

A quelques pas d'eux était un cabaret, avec ses tonnelles verdoyantes. Sur la porte, l'hôtesse, une grosse Brabançonne, les regardait en illuminant d'un joyeux sourire sa face large et rubiconde. Imaginez-vous un de ces jolis tableaux que le peintre Charles Jacque vend aujourd'hui huit mille francs pièce et qui vaudront le double dans dix ans.

— Tu as faim? s'écria Toinon. C'est vrai, ta tasse de lait est loin. Je n'y pensais plus. Mais où aller déjeuner?

— Là, parbleu! sous la tonnelle. Nous nous imaginerons que nous sommes aux Porcherons!...

Et il fit signe à l'hôtesse, qui, flairant une bonne aubaine, s'empressa de dresser le couvert.

Avec une joie d'enfant, Tony examinait la nappe éblouissante de blancheur, les assiettes de grosse faïence à dessins naïfs, les brocs d'étain brillants comme de l'argent, qu'on posait devant lui.

— Quel charmant déjeuner nous allons faire ici! s'écria-t-il enchanté.

Et la joie de voir son Tony heureux doublait celle que mame Toinon prenait aussi en cette belle matinée sous cette gaîe tonnelle, où tout repas devait sembler si bon!

Rouge de plaisir et d'émotion, elle n'avait plus trente-cinq ans, elle en avait dix-huit.

Le déjeuner commença.

Tony babillait comme une pie, mais cela ne l'empêchait pas de dévorer. Avec l'appétit des convalescents, il lui semblait ne pouvoir jamais se rassasier ni de manger ni de boire.

D'abord mame Toinon s'en épouvanta.

—Ne mange pas trop, Tony, disait-elle. Surtout ne bois pas tant. Tu sais que le docteur t'a dit de te ménager...

Mais bast!... Le jeune homme avait de si belles raisons à donner que la bonne femme se laissait convaincre. Ne fallait-il pas qu'il prît des forces? Et puis, il y avait là un petit vin blanc, pétillant et doux, qui réjouissait le cœur.

—J'ai été si longtemps condamné aux potions et aux tisanes!... disait Tony en tendant son verre.

Vraiment c'était plaisir au contraire que de voir le convalescent si bien en train. Peu à peu, entraînée par l'exemple, mame Toinon se mit aussi à faire fête au rustique festin.

Tout en déjeunant, on formait les projets les plus beaux, les plus fous, les plus irréalisables.

— Je vendrai ma boutique, disait Toinon. Je ne veux plus retourner rue des Jeux-Neufs... Nous irons trouver le marquis de Langevin pour qu'il te fasse connaître ton père; nous chercherons ta nouvelle famille, et, puisque je ne te suffis plus...

— Oh! pouvez-vous dire cela! se récria Tony en lui prenant la main.

— Soit. Mais enfin, il faut que tu retrouves tes parents, ne fût-ce que dans l'intérêt de ton avenir. Une fois tes parents connus...

— J'épouserai Bavette!... s'écria inconsidérément Tony.

Ce mot tomba comme une bombe sur les châteaux en Espagne que bâtissait la pauvre mame Toinon. Le réveil fut terrible. Elle pâlit, chancela et, malgré ses efforts pour rester maîtresse d'elle-même, s'évanouit...

Tony, tout inquiet, se précipita vers elle et la prit dans ses bras. Il lui frappa dans les mains, lui baigna les tempes d'eau fraîche. Les rôles étaient changés ; c'était elle maintenant qui était malade et lui qui lui prodiguait des soins.

Enfin, il réussit à lui faire reprendre connaissance, mais pour la voir aussitôt éclater en sanglots.

— Toinon, qu'avez-vous donc, qu'avez-vous ? demanda-t-il tout ému et ne comprenant rien à cette douleur inattendue.

Ce que Toinon avait, hélas, elle ne pouvait le dire à Tony. Comment aurait-elle osé avouer les espérances déçues, les désillusions de son cœur brisé ? Cependant, notre héros, de plus en plus inquiet, devenait pressant et insistait. A la fin elle n'y tint plus ! En versant des flots de larmes, elle lui fit connaître tout ce qui s'était passé en elle depuis le jour où elle avait compris la nature véritable de son affection pour lui. Elle ne lui cacha rien, ni ses luttes, ni ses espoirs...

Elle lui disait cela tout bas, de peur d'être entendue... Son visage frôlait le visage du jeune homme ; ses beaux yeux baignés de pleurs brillaient comme des escarboucles... Tony, soudain initié à la passion, Tony, enfiévré, enivré, perdit la tête. Se penchant sur la jeune femme, il l'entoura de ses bras :

— Ah ! tiens ! s'écria-t-il, la tutoyant pour la première fois de la vie, j'ai été aveugle, ingrat... je ne t'ai pas comprise... je n'ai rien vu... Ta bonté m'a caché ta beauté ! Pardonne-moi, pardonne-moi !....

— Quoi! tu pourrais m'aimer ?... murmura Toinon palpitante.

— Moi ?... Ah, tu verras ! mais il ne faut pas m'en vouloir !... Je n'étais qu'un enfant. Tu m'as fait homme ! Tu m'as ouvert les yeux et le cœur. Ah ! maintenant je puis te le dire, je t'aime !... je t'aime !...

Et, sous le soleil de juillet qui, par les interstices du feuillage, lançait ses flèches d'or dans la tonnelle ombreuse, pendant que Tony se sentait naître, Toinon se sentait mourir. Son sang bouillonnait, son cœur éclatait, ses yeux se voilaient.

— Ah ! j'étouffe !... dit-elle.

Elle saisit à poignée un bouquet de cerises et se le mit tout entier entre les lèvres aussi rouges que ce fruit de pourpre...

Mais Tony en mangea la moitié.....

. . . .

Une heure après, les deux amants reprenaient le chemin d'Anvers, et sans courir cette fois.

Toinon, s'abandonnant à son bonheur, auquel

elle n'osait croire, s'appuyait, rêveuse, sur l'épaule de son cavalier. Tony, tout surpris d'être né à des sensations nouvelles, s'arrêtait par instants comme pour signer par un long baiser les mots d'amour venus malgré lui sur ses lèvres.

En cheminant ainsi, on ne s'occupe guère de la route qu'on suit. Dans un bosquet, nos amoureux s'égarèrent, si bien qu'en sortant, comme il commençait à se faire tard, ils durent demander leur chemin à une vieille bûcheronne qui, son fagot sur l'épaule, revenait en chantant de sa chasse au bois mort.

Elle les regarda en clignant de l'œil.

— Votre chemin ? dit-elle. Ah ! laissez donc, les tourtereaux. Vous voulez vous gausser de moi. Votre chemin, vous ne demandez qu'à le perdre...

Toinon, qui trouvait peut-être cette réflexion très judicieuse, ne put se défendre de sourire pendant que le naïf Tony baissait honteusement la tête.

Soudain, une voix sortit d'un buisson :

— Voulez-vous que je vous l'indique, moi, votre chemin ?

Le jeune homme tressaillit. Il lui semblait reconnaître le grêle organe qui avait proféré ces mots. Il courut au buisson et l'écarta.

Il se trouva en face de la tête crépue de maître Goliath, le nain de Blérancourt.

Arrivé à Anvers depuis quelques jours, le nain avait fouillé la ville dans tous les sens. Par fantaisie et pour varier un peu ses démarches, il avait fait ce jour-là une tournée dans les faubourgs et les villages.

Or, le soleil l'étouffait ; il était entré par hasard dans le cabaret où Tony et mame Toinon avaient déjeuné. Naturellement l'hôtesse jasa. En apprenant que les convives qui venaient de partir étaient un garde-française qui semblait sortir de maladie et une femme d'une trentaine d'années, il fit d'abord une cabriole de joie, puis se mit à leur recherche.

Il n'eut pas beaucoup de peine à les rejoindre.

— Eh oui, parbleu ! c'est moi, dit-il joyeusement à Tony, qui le considérait d'un air effaré... c'est moi qui vous cherchais et qui vous ai trouvé... je trouve tout, moi !...

— Qu'est-ce que c'est que cet homme ? demanda à Tony mame Toinon un peu effrayée.

— Un des gens qui nous servaient au château du magnat.

— Ah ! si vous saviez tout ! fit le nain. Mais vous me devez la vie ! Je vous raconterai cela. Donc, ma jolie dame, il n'y a pas à s'épouvanter ; je suis un ami, et si je vous cherchais, c'était pour vous rendre service...

Et le nain sortit tout à fait de son buisson en se dandinant d'un air aimable.

— Mais, au fait, pourquoi nous espionnais-tu ainsi ? demanda Tony en fronçant le sourcil.

— Oh ! ne vous fâchez pas, mon officier, car je

sais que vous êtes officier, maintenant... J'ai appris cela au camp ces jours-ci, en trinquant avec mes camarades La Rose et Normand.

— Au camp ? s'écria Tony... Tes camarades !... Est-ce que, par hasard, tu serais soldat, maintenant ?

— Hélas ! non ; quoique, si l'on savait m'apprécier... Mais il ne s'agit pas de cela. Reprenons le chemin de la ville, si ça ne vous contrarie pas trop de m'admettre en tiers dans votre entretien, ajouta le nabot avec une nuance de raillerie.

— Soit, dit Tony, tandis que le visage de Toinon se teintait de pourpre à l'allusion du nain ; mais c'est à la condition que tu m'expliqueras...

— Tout ce que vous voudrez. Je ne suis venu que pour cela.

— Marchons, alors.

Ils se dirigèrent vers Anvers. Chemin faisant, ainsi qu'il l'avait promis, le petit homme leur raconta d'abord sa propre odyssée, puis ce qu'il savait de l'intervention du baron de Chartille dans les affaires de la marquise, la mort de Lavenay, le service funèbre, et enfin comment l'absence de mame Toinon à ce service avait fait naître des espérances déjà en partie réalisées.

— Il a eu la main heureuse, le vieux, dit le nain en terminant, il a fait en me rencontrant une bonne affaire. Je suis quatre fois plus petit que lui, mais j'ai de l'imagination à en revendre.

Je lui ai dit que je vous trouverais, et ma foi! ça n'a pas été long. Si j'avais autant de veine avec le capitaine...

— Eh ! qui sait ! s'écria Tony, saisi d'un subit pressentiment. Le baron a raison. Car si, moi, je suis vivant, le marquis de Vilers peut l'être de même... Eh bien, nous voici deux de plus pour le chercher, car maintenant je suis guéri de mes blessures. Mon aide et celle de mame Toinon pourront rendre des services. Petit, conduis-nous auprès du baron de Chartille. J'ai hâte de le voir.

XVI

UN EXPLOIT DE M. LA RIVIÈRE

Laissons à Anvers le baron de Chartille, Tony, mame Toinon et leur excellent limier, le nain, chercher le marquis de Vilers, et suivons, sur la route de Paris, Maurevailles et Lacy.

Les deux Hommes Rouges allaient à franc étrier, ne s'arrêtant que pour donner à leurs montures le repos indispensable et prendre eux-mêmes leur nourriture.

Ils supposaient bien que ce vieillard indomptable qu'ils avaient laissé en arrière, le baron de Chartille, n'accepterait pas ainsi sa défaite.

Aussi ne perdaient-ils pas une seconde.

— En admettant qu'il coure après nous, disait Lacy à Maurevailles en déjeunant à la hâte au premier relai, il a bien dû perdre une demi-heure...

— Et, eût-il un cheval aussi endiablé que lui, je le défie de la regagner.

— Il y a une chose surtout qui va l'arrêter.

— Quoi donc ?

— Les vivres. Nous allons passer, tu le sais, dans un pays ruiné, où les fourrageurs n'ont rien laissé, ni une botte de foin, ni une mesure d'avoine.

— C'est juste. A prix d'or, nous aurons peut-être de quoi nourrir nos deux chevaux. Mais le sien, arrivant une heure après, ne trouvera plus rien.

— Ou, du moins, il lui faudra attendre ; car le baron a de l'or et ne le ménagera pas, et les paysans arriveront bien à lui donner ce qu'il lui faudra. Mais ils y mettront le temps...

— Et de ce temps nous saurons profiter.

Sur cette espérance Lacy et Maurevailles repartirent.

Leur calcul était aussi mauvais qu'il semblait bon.

Derrière eux, en effet, marchait un homme ; non point le baron de Chartille, mais son fidèle Lapierre, son homme de confiance.

Lapierre était de la même trempe que son maître. Si les Hommes Rouges s'arrêtaient peu, lui, ne s'arrêtait pas du tout.

C'était un vieux soldat qui avait fait la guerre avec son maître sous le règne précédent et qui jugeait inutile de descendre de cheval pour manger. Avec sa gourde pleine et un pain de seigle sur son porte-manteau, il aurait galopé douze heures.

Quant à fatiguer le cheval, peu lui importait : il

ne manquait pas de bidets à acheter chez les paysans.

Lapierre ne voulait pas rejoindre les deux gentilshommes, mais les dépasser. Aussi, tandis qu'ils suivaient la route ordinaire, prit-il les sentiers à travers champs et bois.

En hiver, homme et cheval fussent restés dans les fondrières. En été, ils gagnèrent de cinq à six lieues.

Donc, pendant que Lacy et Maurevailles se préoccupaient de ne pas être rejoints par le baron, Lapierre les précédait sur la route de Paris.

Le voyage des deux Hommes Rouges s'effectua sans encombre. Ils entrèrent dans la capitale, se croyant certains d'être libres de leurs actions.

A peine descendus de cheval, ils se rendirent à l'hôtel de Vilers.

La porte était fermée. Maurevailles frappa violemment.

— Que désirez-vous ? demanda le suisse en se présentant.

— Nous avons une importante communication à faire à la marquise de Vilers, dit Lacy.

— Est-ce une lettre pour lui remettre ? Donnez-la-moi.

— Il faut que nous lui parlions.

— Impossible. On n'entre pas, s'écria le suisse.

— Mais c'est de la part du marquis.

— On n'entre pas !

— Drôle, s'écria Maurevailles, sais-tu que, par ton obstination, tu peux causer de grands malheurs ?

— Que monsieur me pardonne, balbutia le malheureux portier abasourdi, mais je ne puis enfreindre la consigne formelle qui m'a été donnée, surtout quand...

Il n'eut pas le temps d'achever. Pendant que Maurevailles parlementait, Lacy avait tiré son mouchoir, l'avait roulé et en avait confectionné un solide bâillon. Au moment où le suisse, tout en causant, passait la tête par la porte entre-bâillée, Maurevailles le saisit par le cou et Lacy le bâillonna de façon qu'il ne pût jeter un cri.

Enlevant le pauvre Helvétien ainsi réduit au silence, ils le portèrent dans sa loge et passèrent.

Le péristyle de l'hôtel était ouvert ; mais les différentes portes qui donnaient sur l'antichambre étaient toutes fermées à clef.

Ils en enfoncèrent une et entrèrent.

Au bruit de la porte forcée, une chambrière accourut tout effarée, puis, les voyant, prit la fuite en criant. En deux enjambées, Maurevailles la rejoignit.

— Tais-toi, dit-il rapidement en lui saisissant rudement les mains.

— Grâce, murmura la jeune fille.

— Ne craignez rien, mon enfant, dit à son tour Lacy, nous sommes des amis.

— Des amis qui entrent en brisant les portes ? fit observer la chambrière.

— Qu'importe la façon dont nous nous présentons, si notre intention est d'être utile à la marquise ? Nous n'avions pas le choix des moyens ! s'écria Maurevailles. Vite, mon enfant, parlez, où est votre maîtresse ?

— Ma maîtresse n'est pas visible...

— Il faut que nous la voyions sur-le-champ. Elle court un grand danger. Où est-elle ? reprit avec impatience le chevalier. Voyons, conduisez-nous auprès d'elle...

— Pour que vous la torturiez de nouveau, n'est-ce pas ? Eh bien, non, non, mille fois non !... s'écria la courageuse jeune fille.

— Ah ! c'est ainsi, dit Lacy, en ouvrant la porte du placard qu'il venait de découvrir dans la boiserie. Veux-tu, oui ou non, nous obéir ?

— Non.

— Alors...

Ils la saisirent et la jetèrent au fond du placard qui fut fermé à double tour, puis ils firent irruption dans le couloir.

Au bout était une nouvelle porte. Celle-là n'était fermée qu'au verrou. Ils l'ouvrirent et se trouvèrent dans une vaste pièce pleine de meubles, mais où ils ne virent personne.

— Enfin, nous voilà maîtres de la maison ! s'écria Lacy.

Comme si ce mot eût été un signal, tous les meubles remuèrent soudain.

Les armoires, les bahuts s'ouvrirent, les tapis des tables furent violemment arrachés, les tapisseries se soulevèrent....

Et des armoires, des bahuts, de dessous les tables, de derrière les tentures, des hommes sortirent comme autant de fantômes...

Ils étaient quatre, huit, douze, tous armés...

— Trahison ! hurla Maurevailles en essayant de tirer son épée.

Mais un des hommes le saisit par les deux coudes, un autre le prit à bras le corps, un troisième lui passa prestement une corde autour des jambes et se mit à le ficeler des pieds à la tête, pendant que l'on traitait de la même façon Lacy.

— Misérables bandits, criait Maurevailles exaspéré, vous paierez cher votre audace !...

— Tout beau, tout beau, monsieur le chevalier, pas tant de tapage, s'il vous plaît, dit l'un des assistants qui s'avança vers les deux gentilshommes, en tenant à la main une tabatière, dans laquelle il puisa une énorme pincée...

— Qui êtes-vous ? et de quel droit agissez-vous ainsi ? demanda à son tour Marc de Lacy.

— De quel droit ? Ordre de M. le lieutenant-général de police. Qui je suis ? un pauvre diable que ces messieurs ne se rappellent sans doute pas, mais qui n'oubliera jamais le plaisir et l'honneur qu'il a eus de les rencontrer un soir place des Capucines...

Et il fit une cérémonieuse révérence aux deux prisonniers.

— Ah ! s'écria Maurevailles, je vous reconnais, en effet. C'est vous qui êtes...

— La Rivière (Sébastien-Dieudonné), exempt de la police royale, pour vous servir, messieurs, à l'occasion ; mais dans l'instant, chargé de vous faire comparaître, par n'importe quel moyen, devant M. Feydeau de Marville... Or, comme vous ne me paraissez pas du tout disposés à y venir de plein gré, vous m'excuserez d'employer des moyens de coercition que je réprouve, mais qui me sont imposés par mon devoir...

Il fit une troisième révérence, puis se tournant vers ses hommes : « Enlevez ! » dit-il.

Saisis, chacun, par quatre agents, Maurevailles et Lacy furent emportés de vive force et jetés dans un carrosse qui attendait à l'écart.

Un quart d'heure après, ils étaient chez le lieutenant de police.

Maintenant, si l'on veut savoir comment La Rivière et ses camarades s'étaient trouvés là si à propos, nous rappellerons que le baron de Chartille avait expédié derrière les Hommes Rouges son valet Lapierre.

Lapierre était muni d'un message pour le lieutenant de police le prévenant du danger couru par la marquise et du départ des deux officiers.

Certain que leur première visite serait pour l'hôtel de Vilers, M. de Marville y avait envoyé tout de suite une troupe d'exempts.

On voit qu'il avait eu raison.

XVII

RETOUR AU CAMP

A Anvers, le baron de Chartille se promenait impatiemment, attendant le retour du nain, parti en chasse depuis le matin et qui, de la journée, n'avait donné de ses nouvelles.

— Le maroufle se sera attardé dans quelque cabaret borgne, disait avec colère le baron, il va rentrer encore comme hier, affreusement gris et me raconter quelque bourde. Qu'il prenne garde à ses oreilles...

A ce moment la porte s'ouvrit et le nain entra. Il avait l'air si joyeux, si satisfait de lui-même que toute la colère du baron se fondit en un clin d'œil.

— Eh bien, maître Goliath, s'écria M. de Chartille, quelles nouvelles ?

Le petit homme était trop content pour ne pas bavarder un peu.

— Il n'appartient point aux jeunes gens de valeur de se vanter eux-mêmes, commença-t-il emphatiquement ; cependant si, pour une fois, j'osais déroger à cet usage, je me permettrais de dire que ce fut pour M. le baron un jour heureux que celui où il m'honora de sa confiance...

— Abrège, abrège, sarpejeu, interrompit le baron qui n'avait que faire d'un discours et qui voulait des faits. As-tu enfin découvert quelque chose?

— Quelque chose, oui, et je m'en vante. Sans exagérer, je pourrais dire beaucoup.

— Tu es sur la trace ?

— Sur la trace !... c'est-à-dire que j'ai trouvé l'oiseau...

— Vilers !... s'écria le baron en chancelant d'émotion.

Mais, d'un bond, le nain s'était précipité dehors. Il rentra, tenant d'une main Tony, de l'autre mame Toinon toute honteuse.

— Ah ! vous êtes trop gourmand, monsieur le baron, dit le bout d'homme en revenant. Il me semble que c'est déjà beaucoup de vous présenter M. Tony, cornette au régiment de Bourgogne et mame Toinon, costumière à Paris, son amie...

— Certes, dit M. de Chartille, je rends justice à ton habileté, mais un instant j'avais espéré...

— Espérez, monsieur le baron. Eh ! eh ! j'ai trouvé ces deux-là, le plus fort est fait. Il y a commencement à tout. Maintenant nous n'en avons plus qu'un à chercher et nous sommes toute une bande !...

— Certes oui, s'écria Tony avec feu, ce que vous dit ce brave garçon est la vérité. Je vous le jure, monsieur, mort ou vivant, mais vivant comme moi, je l'espère, nous retrouverons le marquis !...

Et Tony, sur la demande du baron, se mit à lui raconter la miraculeuse façon dont il avait échappé à la mort. Il lui dit que M. de Vilers pouvait parfaitement avoir été sauvé de même. Son discours plein de feu changea en une véritable confiance l'espérance si douteuse du baron.

— Par ma foi, s'écria celui-ci, après que Tony eut parlé, je vous crois, jeune homme, et je vous crois tellement que je n'hésite pas à vous laisser ici continuer vos recherches avec l'aide intelligent que j'avais amené. Moi, je ne vaux rien pour ces sortes de choses et j'ai hâte de retourner à Paris, où je dois surveiller les deux ennemis de la marquise. Car, malgré mes précautions, je crains pour elle et pour sa sœur. Là-bas je serai plus utile qu'ici. Mais je ne vous abandonne pas pour cela. Cherchez, ne ménagez ni l'argent ni la peine. De loin ou de près, je suis à vous.

Le baron tendit la main à Tony, salua mame Toinon avec autant de politesse que s'il eût eu affaire à une duchesse, et jeta une bourse pleine de louis au nain.

Puis, appelant l'hôte, il lui commanda d'atteler son carrosse.

Insister pour faire changer d'avis un tel homme eût été perdre ses mots. Tony le laissa partir et ne s'occupa plus que de la mission dont il était chargé.

Aidé du nain, il commença les recherches ; mais il s'aperçut bientôt qu'elles seraient longues et difficiles et il réfléchit à ce que sa propre situation, à lui Tony, avait d'anormal. Il était officier, il appartenait à l'armée, et il restait là inactif, loin de son régiment.

Tant qu'il avait été malade, mourant, on n'aurait eu rien à lui dire. Mais maintenant il était guéri, fort et bien portant. Il se devait à la France.

Il résolut donc de quitter Anvers et de rejoindre l'armée, laissant au nain tout le travail des recherches. Celui-ci avait juré d'ailleurs de ne pas quitter Anvers avant d'avoir retrouvé soit Vilers, soit sa tombe.

— Écoute, dit Tony, continue à chercher. Fouille toutes les maisons. Explore tous les villages. Mais si, dans quinze jours, tu n'as rien appris, viens quand même me rejoindre au camp. Là nous aviserons. Moi, de mon côté, peut-être saurai-je quelque chose. Il est possible que le marquis, se cachant comme autrefois, ait suivi l'armée. Peut-être à la première bataille, le verrons-nous apparaître et combattre à nos côtés... Peut-être même surveillait-il Maurevailles et Lacy et se montrera-t-il en apprenant leur départ...

— Ce n'est pas impossible, cela, dit le nain

— Enfin, nous verrons. Seulement, je te recommande une chose : ne bois pas trop...

— Oh ! par exemple !...

— Tu avais, ce me semble, cette réputation à Blérancourt.

— Eh bien, faut-il être franc ? Je ne l'avais pas tout à fait volée. Mais convenez que tout sert en ce monde. Si je n'avais pas eu soif, vous aurais-je retrouvé ?

— C'est juste, dit Tony en souriant ; mais enfin, le même moyen ne peut pas toujours être bon.

Le lendemain, Tony, suivi de son inséparable mame Toinon, se présentait au camp français, où il se faisait reconnaître par le marquis de Langevin d'abord, puis par le maréchal de Saxe.

Maurice de Saxe félicita vivement le jeune homme :

— Vous avez gagné votre lieutenance, monsieur, lui dit-il. Elle vous sera acquise aussitôt que votre état civil sera régularisé et que Sa Majesté, à qui j'en vais référer sur-le-champ, aura donné son bon plaisir.

Tony s'inclina et sortit, plein de joie.

La nouvelle de la résurrection du jeune et brave cornette s'était promptement répandue dans tout le camp, où elle avait causé une joie universelle.

Quand Tony sortit de chez le maréchal, il fut entouré d'amis qui venaient l'embrasser et lui serrer la main.

En tête étaient Pivoine, La Rose et le Normand.

— Tous les bonheurs viennent à la fois, dit le brave Gascon en montrant les galons de laine tout neufs qui ornaient ses manches. Hier on me nomme caporal, aujourd'hui je vous retrouve. Quoique vous soyez mon supérieur maintenant. monsieur Tony, voulez-vous me serrer la main?

— Comment donc, s'écria le jeune cornette en lui sautant au cou. Dans mes bras, mon vieux camarade, et toi aussi, Normand. N'êtes-vous pas mes deux parrains d'armes ?

— Et moi, votre premier adversaire... et votre première victoire, dit Pivoine de sa voix enrouée.

— Ah ! mon bon Pivoine, j'espère que tu ne m'en veux pas ?

— Vous en vouloir, tonnerre de Dieu ! Mais, depuis ce jour-là, je vous adore... quoique, vraiment, là, le cœur sur la main, c'était un coup de hasard...

— Parbleu, dit Tony joyeusement, qui en doute ?

— Et, maintenant, si, quoique officier, vous me faisiez l'honneur de croiser le fer avec moi... avec des fleurets boutonnés, s'entend...

— Tu me toucherais à tout coup ?... C'est bien possible. Aussi te demanderai-je des leçons...

— Pas avant d'avoir bu un moos de bière, toujours, se récria La Rose. Allons, mon cornette, venez trinquer encore une fois comme à votre entrée au régiment. Nous buvions alors pour fêter votre arrivée ; nous boirons, cette fois, à votre heureux retour.

— A votre heureux retour, répéta le Normand.

— Je veux bien, et certes ce sera de bon cœur, dit le jeune officier.

Tony ne connaissait pas le camp ; il ne savait pas où La Rose allait le conduire.

Et où l'aurait-il mené, le brave Gascon, sinon au cabaret de maman Nicolo, là où s'était cimentée leur amitié, là où elle devait être renouvelée ?

Mais Tony n'y pensait pas. Les événements, l'émotion lui avaient pour un instant fait oublier Bavette et sa mère.

Quand le souvenir lui revint, il était sur le seuil de la cantine.

En l'apercevant, la vivandière, folle de joie, leva les bras au ciel, en faisant une pantomime désordonnée, tandis que, Bavette rougissante, se jetait au cou du jeune officier...

Et mame Toinon que Pivoine était allé chercher et qui les rejoignait justement à cet instant !...

Pauvre mame Toinon, elle observait Tony ; Tony, en qui le souvenir de son premier amour, si frais, si naïf, venait de renaître, et qui, tout honteux maintenant en revoyant Bavette, tremblait et baissait les yeux pour cacher les larmes qui les mouillaient.

Pauvre mame Toinon ! Tony n'était plus le

convive si gai, si rieur, de la tonnelle près d'Anvers. Tony n'osait point parler ; Tony buvait à peine ; Tony, le cœur gros, songeait !...

Mame Toinon voyait cela et elle comprenait tout ce qui se passait dans l'esprit et dans le cœur du jeune homme, et la tristesse de Tony la gagnait.

En vain, elle essaya de rire ; en vain, par une feinte gaieté, elle tenta une lutte impossible ; ses trente-cinq ans ne pouvaient soutenir le parallèle avec les dix-sept ans de la vierge à qui Tony devait le charme du premier battement de son cœur.

Le jeune officier avait hâte de quitter les soldats. Il lui tardait d'être seul pour s'abandonner à ses pensées. Aussi, abrégea-t-il la causerie en se prétendant fatigué.

Il reprit avec Toinon le chemin de l'hôtellerie où ils étaient descendus. Tony marchait en silence. A deux ou trois reprises, sa compagne essaya de nouer l'entretien. Il lui répondit à peine. Et comme, donnant pour prétexte la fatigue qu'il avait objectée à la cantine, elle voulait lui prendre le bras, il refusa d'un geste brusque, en disant :

— Merci. Il faut que je m'habitue à marcher sans aide, si je veux reprendre mon service au régiment.

— Ah ! soupira la pauvre femme, en rentrant à l'hôtellerie, j'étais folle de croire à la durée d'un caprice... Mes beaux jours sont finis... bien finis... Adieu, mes rêves !...

Elle rentra dans sa chambre d'auberge, séparée seulement de celle de Tony par un couloir sur lequel donnaient les deux portes. Et là jusqu'au matin, elle resta abîmée dans ses réflexions, attendant toujours un mot qui lui rendît l'espoir, regardant à travers sa porte toute grande ouverte la porte de la chambre de celui qu'elle aimait...

Hélas ! le mot ne vint pas. La porte resta close...

XVIII

LE POIGNARD

Le baron de Chartille avait eu une heureuse inspiration en envoyant Lapierre prévenir M. de Marville du départ de Maurevailles et de Lacy pour Paris.

Leur tentative à l'hôtel de Vilers eût pu, en effet, être fatale à la marquise dans la position où elle se trouvait.

Aussi M. de Marville, instruit par le baron, jugea-t-il à propos de ne rien dire, ni à madame de Vilers, ni à Réjane.

Il chargea du soin de mener l'expédition son exempt, La Rivière, dont il connaissait le tact et l'habileté. Ce fut au vieux Joseph que La Rivière exposa son plan, et nul autre que lui n'en fut averti dans la maison.

On a vu comment le coup de main avait réussi.

Si cela n'eût dépendu que de Joseph, le secret le plus complet eût été gardé sur cette affaire, et, durant un certain temps du moins la marquise eût été assurée de sa tranquillité.

Malheureusement, l'entrée des Hommes Rouges ne s'était pas effectuée sans quelque bruit. Le suisse avait été bâillonné, la suivante Suzette jetée dans une armoire. Quoi qu'on pût faire, il était impossible de compter qu'ils ne parleraient pas.

Joseph prit donc les devants et alla, lui-même, tout révéler à la marquise.

Au fond, nous devons l'avouer, il n'était pas fâché de se poser un peu et de faire savoir qu'il avait, lui aussi, joué son petit rôle dans la lutte contre les implacables ennemis de la marquise. C'était lui qui avait désigné à La Rivière la chambre où il y avait le plus de meubles !

La marquise le félicita vivement de son intelligence et de sa fidélité. Joseph partit tout triomphant.

Mais il y avait une personne qui avait écouté le récit de Joseph avec un intérêt marqué.

Cette personne, c'était Réjane.....

Réjane, malgré ce qui s'était passé, malgré tout ce qu'elle connaissait du caractère de Maurevailles, n'avait pas cessé de l'aimer.

En apprenant qu'il venait d'être arrêté, elle pâlit.

Mais elle maîtrisa son émotion pour ne pas que sa sœur la remarquât. Quant à Joseph, emporté par le feu du récit, il ne voyait rien.

A peine eut-il quitté la salle, que Réjane, le cœur serré, s'excusa auprès de sa sœur pour se retirer à son tour dans sa chambre.

Son plan était fait.

Elle attendit que la nuit fût tout à fait venue. Elle se laissa déshabiller par ses femmes de chambre. Puis, quand elle fut certaine que personne ne pouvait plus la voir, elle se rhabilla à la hâte et descendit sur la pointe du pied.

La grande porte de l'hôtel était fermée, mais Réjane connaissait le secret au moyen duquel la petite porte pratiquée dans le grand portail glissait sur ses gonds.

Elle appuya sur le bouton... La porte s'ouvrit et se referma.

Réjane était dans la rue.

Toute tremblante, elle hésitait à s'aventurer à travers les quartiers déserts et mal éclairés, redoutant les mauvaises rencontres, craintive, timorée.. Mais elle puisa des forces dans son amour. Peu à peu elle s'enhardit. A la fin, elle se dirigea rapidement vers la place Vendôme.

Elle allait à l'hôtel du lieutenant général de police.

Il fallait toute l'inexpérience de la jeune fille pour entreprendre pareille folie. Réjane avait mille chances d'être arrêtée soit par des voleurs, soit par des galants de rencontre, soit par le guet...

Mais il est des grâces d'état. La jeune fille arriva sans encombre jusqu'à la rue des Capucines.

Là encore, il y avait gros à parier qu'elle échouerait. Les gardes de la porte de l'hôtel, les exempts groupés dans l'antichambre pouvaient prendre Réjane pour une coureuse de nuit ou pour une folle, et de leur propre autorité, la conduire au Fort-l'Évêque ou aux Madelonnettes.

Non. Il était écrit qu'elle arriverait jusqu'au lieutenant de police. Elle y arriva.

Par un heureux hasard, le garde de planton à la porte de l'hôtel de Marville était un garçon intelligent qui vit du premier coup d'œil à qui il avait affaire.

Il comprit que quelque raison de la plus haute gravité pouvait seule amener cette jeune fille à pareille heure auprès du lieutenant de police. Il appela le chef de poste ; et, sans être autrement interrogée, Réjane parvint jusqu'à l'antichambre de M. de Marville.

Là elle écrivit son nom, sur un papier qu'elle plia et qu'elle fit passer par un huissier.

En lisant ce nom, le lieutenant de police, stupéfait, donna ordre d'introduire immédiatement celle qui le portait.

Réjane entra.

— Que puis-je pour vous être agréable, mademoiselle ? demanda M. de Marville en s'inclinant.

— Monsieur, dit Réjane avec assurance, je viens vous demander une immense faveur.

— Laquelle ? Parlez sans crainte.

— M. de Maurevailles a été arrêté tantôt par vos gens à l'hôtel de Vilers.

— En flagrant délit d'effraction, oui, mademoiselle.

— Et bien, je viens vous supplier de le mettre en liberté.

— En liberté!... s'écria le lieutenant de police qui n'en croyait point ses oreilles, y pensez-vous? Mais je le voudrais que cela me serait impossible. Songez donc que le chevalier de Maurevailles, qui m'était signalé comme ayant l'intention de commettre un rapt, a été surpris par une brigade d'exempts, juste au moment où il venait de bâillonner un homme, d'enfermer une jeune fille, de briser une porte, comme eussent pu le faire Dominique Cartouche ou Jacques Poulailler... En liberté ? Non, non. A quelque rang qu'appartiennent les coupables, il faut que la justice ait son cours...

— Ainsi, dit Réjane en joignant les mains avec désespoir, vous allez le faire passer devant des juges ?

— C'est lui qui m'y a contraint.

— Mais au moins me permettrez-vous de le voir ?

— Pour le faire échapper sans doute ? demanda le lieutenant de police en souriant.

— Oui, monsieur, si je le puis !...

Ceci fut répondu d'un ton ferme et décidé, avec une audacieuse franchise qui conquit tout à fait M. de Marville.

— Écoutez, mon enfant, dit-il paternellement, vous vous méprenez sur la personne à laquelle vous vous intéressez si vivement, laissez-moi vous éclairer...

— C'est inutile, fit froidement Réjane, je vous remercie beaucoup de votre bienveillance. Mais je sais tout ce que vous allez me dire.

— Comment, aimeriez-vous encore M. de Maurevailles si vous saviez tout ce que je pourrais vous dire.

— Oui, répliqua Réjane, le chevalier n'en est pas à sa première tentative contre nous, n'est-ce pas ? Il a voulu enlever ma sœur, il a essayé de tuer mon frère, le marquis de Vilers... Oui, je sais tout cela et bien des choses encore que peut-être vous ignorez. Mais je viens vous dire : Qu'importe! je veux le voir!... Et, ajouta-t-elle en se jetant à ses pieds, je ne m'en irai pas que vous ne m'ayez accordé cette grâce !...

— Le voir ?.... Oh ! mon Dieu ! cela, je puis vous le permettre, dit M. de Marville vivement ému, en relevant la jeune fille. Venez, mon enfant. Bien que, si j'eusse rempli mon devoir, ces messieurs devraient être déjà au Châtelet, j'ai pris sur moi de les conserver ici quelques heures. Cela me met à même d'exaucer votre demande et j'en suis très heureux.

Il prit Réjane par la main et la conduisit lui-même auprès du prisonnier.

Maurevailles, assis, réfléchissait, très inquiet

sur l'issue de cette affaire. Il se disait que c'était la seconde fois que M. de Marville avait à lui demander compte de ses tentatives contre la marquise de Vilers, et il craignait fort qu'en cette circonstance, la chose ne se passât pas aussi facilement que la première fois.

En voyant entrer M. de Marville et Réjane, il se leva tout étonné.

— Je vous laisse un instant, dit le lieutenant à la jeune fille. M. de Maurevailles, je crois inutile de vous avertir que la surveillance la plus rigoureuse vous entoure, que toute tentative d'évasion échouerait et ne ferait qu'aggraver votre situation.

Et M. de Marville s'inclina et se retira.

Restée seule avec celui qu'elle aimait, Réjane demeura d'abord confuse, puis se rappelant que le temps lui était mesuré elle raconta naïvement à Maurevailles ce qu'elle venait d'acomplir pour arriver jusqu'à lui.

Maurevailles était confondu de tant d'amour. Un moment il fut sur le point de se jeter aux genoux de Réjane et de lui demander pardon en rompant avec tout le passé...

Mais un mauvais sentiment lui vint et effaça cette bonne pensée. Il se dit que, dans l'amour de Réjane, il pouvait trouver le moyen de se venger et d'accomplir l'œuvre fatale qu'il poursuivait.

En un clin d'œil son plan infernal fut conçu. Ce plan, nous le verrons se développer plus tard.

Pour achever de le mettre en œuvre, le chevalier se fit intéressant, parla de son repentir, de son changement d'idées, murmura à l'oreille de la jeune fille de trompeuses paroles d'amour.

— Depuis la mort de Lavenay, affirma-t-il, délié de mon serment, je n'aspire plus qu'à réparer le mal que j'ai pu faire, et c'est même dans le but d'être utile à la marquise que je me rendais hier soir à l'hôtel de Vilers.

Réjane ne demandait qu'à croire à l'innocence de celui qu'elle aimait. Maurevailles vint facilement à bout de la convaincre.

Quand elle se retira, elle croyait tellement à l'injustice de ceux qui avaient arrêté le chevalier que, s'approchant de M. de Marville, elle lui dit :

— Vous savez que j'ai été folle, monsieur.

— On me l'a dit, en effet, répondit le lieutenant de police, se demandant où elle voulait en venir.

— Voulez-vous que je le redevienne?

Et, s'emparant d'un poignard qui se trouvait sur le bureau du lieutenant de police au milieu d'une foule d'autres pièces à conviction, comme on en voit sur les bureaux de tous les magistrats, elle fit un pas en arrière et s'écria :

— Si vous retenez M. de Maurevailles prisonnier, si vous voulez le flétrir par un jugement, je me tue sous vos yeux !...

Le feu qui brillait dans les yeux de Réjane prouvait que ce n'était pas là une vaine menace. Certes, après ce qu'elle avait déjà fait, elle était femme à l'exécuter. M. de Marville se trouva fort embarrassé.

Réjane tenait toujours le poignard levé sur sa poitrine.

Enfin, le lieutenant de police eut une inspiration.

— Écoutez, dit-il en pesant ses paroles, peut-être y a-t il un moyen terme qui nous satisfera tous deux.

Réjane respira plus librement. Elle avait une lueur d'espoir.

— Je ne puis, je vous l'ai dit, relâcher ainsi mes prisonniers. Mais il m'est possible de trouver un prétexte pour les garder ici jusqu'à nouvel ordre, au lieu de les transférer au Châtelet...

— Eh bien ? demanda Réjane.

— C'est le baron de Chartille qui m'a dénoncé le complot ; il m'a prié de protéger la marquise votre sœur. Mes exempts sont arrivés à temps. Mais auraient-ils de nouveau cette chance, si MM. de Maurevailles et de Lacy, mis en liberté, recommençaient une nouvelle tentative, surtout ayant dans la place un auxiliaire tel que vous ?

— Mais le moyen dont vous parliez ? dit Réjane.

— Ce moyen, le voici. Attendons le retour du baron. Il ne peut tarder à arriver. Je causerai avec lui de cette affaire. S'il consent à l'étouffer une fois encore, si MM. de Maurevailles et de Lacy, qui sont officiers, me promettent de rejoindre leur régiment sans plus tarder, — ce à quoi, du reste, je veillerai, — il n'y aura plus aucune difficulté. Voyons, mon enfant, cela vous satisfait-il ?

— Soit, dit Réjane. J'essaierai de fléchir le baron. J'y réussirai, j'en suis sûre. Mais vous me promettez qu'avant son retour, M. de Maurevailles n'a rien à redouter de vous ?

— Je vous le garantis. Et maintenant, mademoiselle, laissez-moi vous reconduire jusqu'à l'hôtel de Vilers, où je ne voudrais pas, à pareille heure, vous laisser retourner seule.

Et M. de Marville, faisant atteler son carrosse, y monta à côté de Réjane, enchantée de son succès.

Elle ne pouvait prévoir les terribles événements qu'allait engendrer cette combinaison...

. . . .

Quelques jours après, le baron de Chartille arrivait à Paris.

Au débotté, l'infatigable centenaire courut à l'hôtel de Vilers, afin de s'informer de ce qui s'était passé pendant son absence.

Si la marquise lui apprit la nouvelle tentative de Maurevailles et de Lacy, Réjane, l'attirant à part, ne manqua point de le supplier de leur faire rendre la liberté.

— C'était donc pour cela qu'ils étaient si pressés de partir, ne cessa de répéter à l'une ou à l'autre le baron. Sarpejeu ! la belle expédition pour des gentilshommes !... Décidément la noblesse se perd !...

Malgré cela, Réjane triompha, et il se rendit chez le lieutenant de police.

Depuis qu'ils étaient sous les verrous, Maurevailles et Lacy avaient eu le temps de faire de tristes réflexions. Ce fut donc avec une joie immense qu'ils apprirent la fin de leur captivité.

— J'espère, messieurs, leur dit sévèrement le baron, que cette leçon vous servira. Je vous ai montré que, de près ou de loin, je sais protéger mes amis... Pour le moment, je ne veux pas donner à cette escapade les funestes conséquences qu'elle pourrait avoir. J'arrive de l'armée des Pays-Bas, où les hostilités sont reprises et où la présence de deux braves officiers ne sera pas inutile... Or, si vous agissez en insensés dans la vie privée, je me plais à reconnaître votre bravoure en face de l'ennemi. Allez donc, mais donnez-moi votre parole que vous vous rendrez immédiatement à votre régiment, où l'on vous attend du reste... Pour vos entreprises ultérieures, je ne vous demande rien ; je serai là et je veillerai.

Humiliés et confus, les deux jeunes gens firent toutes les promesses du monde, et M. de Marville les autorisa à s'en aller.

M. de Chartille resta quelques instants encore avec ce dernier qui lui affirma, d'ailleurs, qu'en aucun cas son concours ne lui ferait défaut.

Mais quand le baron, fier de la façon dont il

avait arrangé les choses, rentra à l'hôtel de Vilers, la marquise fut seule à le remercier.

Réjane ne lui répondit que par des larmes.

Celui qu'elle aimait était retourné au combat, et sans lui envoyer un mot d'adieu ou de reconnaissance.

Était-elle donc seule à aimer, et le chevalier reviendrait-il ?

A l'hôtel de la police, elle avait voulu se frapper d'un poignard. L'inquiétude et l'amour venaient de lui en enfoncer deux dans le cœur...

XIX

LIEUTENANT !

Revenons à Anvers où le nain s'acharne à la poursuite du marquis de Vilers.

Il y mettait de la conscience, le pauvre petit homme, plus de conscience qu'il n'en avait jamais mis à servir, en qualité de faux muet, le comte de Mingréli.

Levé dès le jour, il courait les rues, allant des quartiers riches aux quartiers pauvres, ne négligeant aucun indice, ne perdant aucun instant.

Malheureusement ses recherches étaient vaines. Lui qui se vantait de tout trouver, cette fois il ne découvrait rien.

Quand venait le soir, après une journée de courses infructueuses, le pauvre nain entrait dans d'épouvantables fureurs.

S'il eût été assez fort, il eût cherché querelle aux passants dans la rue. Ne se sentant pas assez robuste, il s'en vengeait en allant mettre à sec les brocs dans les tavernes.

Chaque soir, Goliath rentrait chez lui absolument gris, se promettant, dans son ivresse, de réussir le lendemain.

Et le lendemain était comme la veille.

Pendant ce temps, Tony, revenu au camp ainsi que nous l'avons raconté, s'informait à tout le monde du marquis de Vilers.

Mais il ne réussissait pas mieux que son auxiliaire le nain. Aussi était-il triste, bien triste.

Il y avait encore une autre cause à son chagrin: sa fausse position d'amoureux entre Bavette et mame Toinon.

Il n'osait supporter les regards de la jolie costumière dont la pensée lui pesait comme un remords. Il se l'avouait bien maintenant, ce n'était que dans l'explosion de ses dix-huit ans, qu'il avait eu pour elle une folie passagère. Tout son amour, son véritable amour était pour Bavette qu'il avait pu oublier, dans la fougue de la passion, mais qu'il n'avait jamais cessé d'aimer.

Il supportait bien moins encore les regards de Bavette dont les grands yeux bleus semblaient lui dire qu'elle avait tout deviné et dont la présence seule lui reprochait sa défaillance.

Une grande joie vint heureusement faire diversion. On annonça à Tony que le maréchal de Saxe le faisait demander.

Il courut au quartier général.

Les Autrichiens, presque bloqués dans Namur, où ils manquaient de vivres, avaient à plusieurs reprises essayé des tentatives de ravitaillement qui avaient échoué, grâce à l'activité de Maurice de Saxe. Les déserteurs, de plus en plus nombreux, que la famine chassait du camp ennemi, tenaient du reste le maréchal au courant de tous les mouvements des alliés.

Namur, abandonné à ses propres forces, avait fini par capituler et il y avait tout lieu de croire qu'on allait prendre là les quartiers d'hiver.

On s'y préparait même lorsque le maréchal de Saxe reçut avis que le camp choisi par les alliés était dans les conditions les plus défavorables, peu profond et coupé par deux ravins, dont l'un allait au Jaar, l'autre à la Meuse, lesquels ravins, ne laissaient pour seule communication, d'une partie de l'armée à l'autre, qu'une trouée très étroite, près de Melmont.

Le maréchal ne put croire à pareille imprudence et résolut de faire vérifier le fait.

Il lui fallait pour cela un homme de confiance, brave et adroit. Il songea à Tony, qui avait fourni ses preuves en deux cas analogues.

Tony trouva Maurice de Saxe, présidant le conseil de guerre.

— Ah ! vous voilà, mon jeune ressuscité, dit familièrement le maréchal, j'ai une bonne nouvelle à vous apprendre... Ne vous réjouissez pas trop tôt, ce n'est pas encore ce que vous désirez. Mais enfin, vous voulez aller vite, en voici le moyen.

Je n'ai pu jusqu'à ce jour obtenir de Sa Majesté l'arrêt qui vous remet au nombre des vivants. Mais nous avons besoin de bras solides et surtout d'âmes fortement trempées. Ma compagnie de Croates a été décimée, le capitaine de l'Estang qui la commandait a été tué. Heureusement les déserteurs que la famine chasse de l'armée alliée nous donnent de quoi la reformer. Ce sont de précieuses recrues, mais qu'il faut roidement tenir et rudement mener... j'ai songé à vous pour une lieutenance. Cela vous va-t-il ?

— Ah! monseigneur!... s'écria Tony avec reconnaissance.

Le poste est périlleux, car j'ai l'intention de ne pas ménager vos hommes, et du côté de l'ennemi, on n'a, en cas de défaite, aucun quartier à attendre. Mais, tenez-vous-y bien, c'est un excellent stage pour rentrer aux gardes-françaises, où mon excellent ami, le marquis de Langevin, désire vous avoir. Allez, on va vous faire reconnaître. Vous entrerez en expédition tout de suite.

Tony était au comble de la joie. Lieutenant !... il était lieutenant!... Et le maréchal de Saxe lui-même lui faisait espérer qu'il rentrerait bientôt aux gardes ! Et il n'avait qu'à réussir dans la nouvelle entreprise qui lui était confiée, et à se montrer, dans la bataille qui se préparait, digne de lui-même, pour devenir enfin le collègue, l'égal de ses ennemis, les Hommes Rouges !

Les troupes se rangeaient en bataille pour se diriger vers les ponts. Le maréchal sortit, suivi de son état-major :

— Cornette Tony, prononça Maurice de Saxe, je tiens à vous féliciter publiquement de votre rétablissement et de votre retour parmi nous. J'ai aussi et surtout à vous féliciter de la noble conduite que vous avez tenue à Anvers. Une première fois, au burg du margrave, vous avez mérité par votre bravoure hors ligne une faveur exceptionnelle. Aujourd'hui encore vous m'avez forcé de passer par-dessus les considérations d'âge et de naissance... Lieutenant Tony, venez m'embrasser.

Ému jusqu'aux larmes, Tony s'inclina sans mot dire vers le héros de Fontenoy, qui lui donna l'accolade. Son émotion redoubla encore quand, derrière le maréchal de Saxe, il aperçut le marquis de Langevin qui lui tendait les bras.

— Je vous admire, mon fils, lui dit tout bas à l'oreille le colonel, qui ajouta plus bas encore :

— Tu rentreras demain aux gardes...

Les officiers félicitaient Tony, les soldats l'acclamaient.

— Ah ! s'écria-t-il, je n'ai pas assez d'une vie à donner à mon pays en échange d'un tel bonheur.

— Ménage ta bravoure, au contraire, dit le marquis de Langevin. La patrie a besoin qu'ils vivent, les enfants tels que toi !

Le temps pressait. Tony partit avec sa demi-compagnie. Il eut la chance d'accomplir sa mission sans perdre un homme...

Les renseignements qu'il rapportait confirmaient de point en point ceux qu'on avait donnés au maréchal de Saxe. Celui-ci résolut de livrer immédiatement une bataille décisive.

L'armée reçut l'ordre de se porter sur Varoux et Rocoux.

XX

ROCOUX

Il n'entre pas dans notre cadre de raconter cette bataille célèbre dans l'histoire sous le nom de victoire de Rocoux et qui mit fin à la campagne.

Contentons-nous de dire que les alliés y perdirent sept mille hommes et mille prisonniers ; dix drapeaux et cinquante pièces de canon, tandis que, du côté des Français, il n'y eut que trois mille hommes hors de combat.

Les épisodes y abondèrent.

Au moment où la brigade de Beauvoisis et la brigade d'Orléans attaquaient le village de Varoux, défendu par une formidable artillerie, un grenadier du régiment d'Orléans vint tomber aux pieds du maréchal de Saxe, la jambe emportée par un boulet de canon.

Le maréchal voulut le faire conduire à l'ambulance.

— Que vous importe ma vie ? dit brusquement le grenadier ; laissez donc ce soin à ceux qu'il regarde, et occupez-vous de gagner la bataille !

A l'entrée du village était un escarpement très élevé que les soldats de Beauvoisis et les gardes-françaises avaient escaladé sous une grêle de mitraille.

Le jeune marquis de Boufflers, colonel du régiment de Beauvoisis, était trop petit pour franchir l'escarpement. Tony, rentré dans les gardes après le succès de son entreprise, arrivait avec une escouade de sa compagnie.

— Attendez, colonel, dit-il en riant.

Et, grimpant sur le talus, en vrai gamin de Paris, il se mit à plat ventre et tendit les mains au petit marquis, qu'il hissa à côté de lui.

Malgré les balles qui pleuvaient, celui-ci l'embrassa avant de descendre.

— Nous nous reverrons, s'écria-t-il, en sautant à terre, l'épée à la main.

— Oui, dit Tony, si nous ne sommes pas tués.

Ni l'un ni l'autre ne le furent. Mais notre jeune héros n'en devait pas moins être cruellement éprouvé...

Au plus fort de la bataille, le marquis de Langevin, grisé par la poudre, par la fureur des ennemis, par l'ardeur de ses gardes, s'était fait, pour ainsi dire, de colonel-général qu'il était, simple soldat.

Si Tony se battait comme un lion, Langevin

ne craignait pas plus que lui de s'avancer au milieu des alliés jusqu'à ce que tous ses gardes l'eussent rejoint, puis de s'avancer encore.

La bravoure coûte cher. L'un des Autrichiens eut honte de fuir, et, se retournant soudain, l'épée haute, s'élança sur le marquis qui, occupé à en tuer un autre, ne voyait point celui-ci.

Mais Tony l'avait vu, lui ! Bondissant au-dessus des morts et des blessés, il accourut, trop tard, hélas ! Quand il entra son épée dans la poitrine de l'Autrichien, ce dernier s'était vengé d'avance en frappant au défaut de l'épaule le marquis de Langevin...

— Ah, je suis perdu ! fit le colonel en tombant dans les bras de Tony.

Si ardent qu'il fût pour la bataille, l'ancien protégé du marquis avait un nouveau devoir à remplir. M. de Langevin était en si grand danger de mort qu'il appartenait à Tony de le faire ramener au camp.

Il le prit d'abord dans ses bras jusqu'à la plus prochaine ambulance où les chirurgiens lui appliquèrent, en hochant la tête, un pansement qu'ils savaient inutile, puis, le plaçant sur une litière qu'il voulut soutenir lui-même du côté de la tête, aida ainsi à le transporter au camp.

Là on coucha le marquis de Langevin sur un lit improvisé avec des planches et des couvertures, les coussins de son carrosse de guerre lui servant de matelas. Mais le marquis, qui se sentait mourir, voulut que l'on mît à côté de lui son épée, ses épaulettes et son grand cordon rouge de Saint-Louis, afin d'avoir sous les yeux, au moment de rendre le dernier soupir, l'instrument et la récompense de sa vie de soldat.

Bien que la bataille continuât, un groupe d'officiers l'entourait, morne, désespéré.

— Je vous en prie, messieurs, fit le colonel en leur serrant les mains, allez à votre devoir.

Et, comme ces valeureux officiers obéissaient au dernier ordre de leur chef :

— Je vais mourir, dit le marquis à Tony d'une voix affaiblie. Reste, toi, mon fils. Moi aussi, j'ai un devoir suprême à remplir... J'ai ma confession à te faire.

— Mais, mon colonel, mon bon colonel, mon second père, non, non, vous ne mourrez pas ! s'écria Tony sanglotant.

— Si tu le crois vraiment, va donc te battre... Ah ! tu vois bien, tu restes. Je vais mourir, te dis-je, je le sais ! j'ai à peine une heure à vivre... en admettant que je ne me fatigue pas... que je ne parle pas surtout... Or, je te répète qu'il faut que je parle...

Tony s'agenouilla auprès du lit.

— Écoute, reprit le marquis à demi-voix, écoute bien ce que je vais te dire... Jamais on n'a eu confession plus cruelle à faire avant de paraître devant Dieu !

Je ne méritais pas, vois-tu, de mourir ainsi sur

le champ de bataille, au milieu du triomphe de la victoire... car un jour, dans ma vie, j'ai été misérable et lâche.

— Oh ! c'est impossible ! s'écria Tony emporté par son affection pour le vieillard.

— Tais-toi et ne m'interromps plus. J'ai à peine le temps de tout te raconter, et cet aveu doit être complet...

Ah ! mon pauvre enfant, rappelle-toi bien ces paroles : L'honneur est une grande et noble chose... C'est la première loi à laquelle l'homme doive obéir... Mais il ne faut pas l'exagérer... Il ne faut pas prendre pour la voix de l'honneur ce qui n'est que le cri de l'orgueil révolté... Je suis tombé dans cette erreur, elle m'a conduit au crime...

Je t'ai dit un jour mon amour pour ma fille... pour ta mère... Eh bien..., sous la fatale pression de l'orgueil... je... je l'ai tuée !... râla le marquis d'une voix étouffée en cachant sa tête dans ses deux mains.

— Vous !... s'écria Tony en bondissant malgré lui.

— Hélas ! insulte-moi, tue-moi ! Broie sous tes pieds ce cœur qui n'a plus que quelques minutes à battre... Mais auparavant entends-moi jusqu'au bout, il le faut pour que je puisse implorer ton pardon.

J'ai été élevé en soldat, selon les principes du soldat. Je voulais que mon honneur fût sans tache, si petite qu'elle fût...

Je me mariai avec la plus noble des femmes. Elle mourut en donnant le jour à une fille. Sur cette enfant, je reportai tout mon amour... tout mon orgueil.

L'enfant grandit, grandit et devint belle comme sa mère... Je l'admirais et j'en étais fier... Et je la voulais pure... pure comme ma conscience de soldat... Pour arriver jusqu'à ma fille, il eût fallu me tuer, moi !

Hélas ! je le croyais... quand un soir... un soir... une conversation de gens de cour, qui ne se savaient pas écoutés, m'apprit un terrible secret... Ma fille en qui j'avais la plus entière confiance... Ma fille que j'aurais rougi de soupçonner... Ma fille... s'était donnée volontairement... Elle allait devenir mère !...

Je tombai comme un fou au milieu des causeurs atterrés par ma présence ; je saisis à la gorge celui qui parlait et je l'envoyai se briser le crâne à l'angle d'une muraille... Puis, éperdu, je courus à mon hôtel et je montai à la chambre de ma fille...

Terrible souvenir ! s'écria le marquis en se soulevant sur sa couche malgré son atroce blessure. Ah ! que de remords cet instant d'aveuglement m'a causés depuis... Ma fille, souffrante, disait-elle, avait fait défendre sa porte...

Inquiet de cette résistance qui confirmait les dires des calomniateurs, je bousculai les chambrières effarées, et, d'un coup d'épaule, j'ouvris cette porte...

Le moribond s'arrêta et prit dans un flacon placé à côté de lui un cordial dont il avala quelques gouttes.

— Elle était pâle, sur son lit, continua-t-il... Çà et là des vêtements épars, des linges, des langes d'enfant... Tout confirmait la fatale nouvelle... Ma fille, ma fille, que je croyais pure... venait de mettre au monde un enfant...

Je cherchai des yeux l'odieuse preuve de notre honte pour l'écraser sous mon talon... Mais par bonheur, mon pauvre Tony, on venait de t'emporter...

— Moi, moi? C'était moi ! s'écria le jeune homme haletant.

— C'était toi, cher enfant. Ah ! pardon !... Mais laisse-moi achever. Tu n'étais plus là..! Sur qui donc alors me venger ? Je saisis ta mère dans un accès de rage, l'insultant, la menaçant, lui reprochant de m'avoir ravi l'honneur... Épuisée par les souffrances, épouvantée de ma colère, elle... oui, hélas ! elle expira entre mes mains !...

Le marquis s'affaiblissait de plus en plus. Il dut avoir de nouveau recours à son cordial, afin de pouvoir reprendre son récit.

— Ma fille morte, continua-t-il, je restai un instant anéanti. Puis la voix de l'orgueil reprit le dessus. Elle me cria que mon œuvre n'était pas achevée, que mon honneur voulait que l'enfant pérît comme celle qui l'avait mis au monde...

Un médecin, chèrement acheté, donna à la

mort de ma fille une explication, et tout le monde me plaignit... Mais, moi, je me disais que ma tâche n'était pas accomplie. Il me fallait savoir où l'on avait caché le rejeton du crime...

Je te cherchai longtemps. Sept années se passèrent, pendant lesquelles je n'osai marcher la tête haute, sentant qu'il y avait encore une tache sur mon blason.

Enfin je découvris ta retraite... Tu te souviens des hommes masqués qui te poursuivirent, qui voulurent te tuer... C'était moi qui les commandais...

La voix du marquis était devenue de plus en plus sifflante et entrecoupée. Il se tut tout à coup et murmura :

— Oh ! je me meurs... Tony, mon fils, je t'ai avoué mon crime... Je n'ai pu... te dire mes remords... Pardonne-moi...

Tony resta silencieux.

— Ah ! s'écria le moribond, rassemblant dans ce cri tout ce qui lui restait de forces, je t'implore, mon fils... Me laisseras-tu mourir sans m'absoudre ?

D'un geste saccadé, il arracha de sa poitrine le médaillon qu'une fois, au château de Blérancourt, il avait montré à Tony. Il le posa sur ses lèvres, et, le tendant au jeune homme :

— Tiens, murmura-t-il d'une voix si faible qu'elle était à peine perceptible. Tiens... prends... ce souvenir... Mais... par pitié... en mémoire d'Elle... Ce crime... je l'ai bien expié, va... par dix-huit années de remords et d'insomnie... Tony, pardonne-moi, pour qu'Elle et Dieu me pardonnent...

Tony regardait le portrait. On eût dit qu'il le consultait... Enfin, comme pour obéir à un ordre que semblait lui donner cette précieuse image, il se jeta dans les bras du vieillard, puis, se redressant :

— Au nom de ma mère, dit-il, que Dieu vous tienne compte de vos souffrances et vous pardonne comme moi !

— Oh ! merci, dit le marquis, dont une pâle lueur de joie éclaira le visage... maintenant... je puis mourir en paix.

— Ah ! par grâce, un effort encore. Ma mère est morte, mais j'ai un père ! Mon père, du moins, faites-le-moi connaître !

— Ton père ?... Ah ! d'autres que moi eussent été heureux et fiers de lui donner leur fille en pâture... Ton père... c'est...

Un râle lui coupa la parole, l'agonie qu'il avait conjurée, à force de volonté, venait de commencer, terrible.

Tony, épouvanté, appela les officiers, les médecins. Mais tout secours était inutile.

Le marquis était mort.

XXI

EN BUVANT...

Le 12 octobre au matin, l'armée française allait reprendre ses tentes au camp d'Houté.

Tony, que son service retenait dans les gardes, avait dû, les larmes aux yeux, laisser partir pour Paris le corps embaumé du marquis de Langevin.

Heureusement un incident allait le distraire de sa douleur. A peine venait-il au camp, maman Nicolo l'avertissait que le nain, arrivé depuis la veille, l'attendait à sa cantine.

Quelque remords que pût lui causer la vue de Bavette, il s'y rendit.

Il n'avait point le droit de laisser le nain travailler tout seul.

Goliath était attablé en face d'une série de bouteilles aux cachet variés. Il paraissait épouvantablement gris.

En voyant Tony, il se leva avec joie, et se mit à battre un entrechat. Le jeune lieutenant eut mille peines à le calmer.

— Peuh ! peuh ! dit le nain, ne vous fâchez pas, vous vous en repentiriez tout à l'heure...

— Pourquoi cela, s'il vous plaît ?

— Parce que j'ai du nouveau... J'ai toujours du nouveau, moi...

— Voyons, reprit Tony impatienté, raconte et raconte vite, surtout.

— Aussi vite que vous voudrez. Dieu en soit loué, si j'ai d'atures défauts, je n'ai pas celui d'être bavard...

— C'est bon ; mais au fait, au fait !

— J'y arrive, au fait. Ne vous impatientez pas. C'est par la patience et la ténacité que je parviens, moi qui vous parle, à réussir dans mes entreprises...

Tony, voyant qu'il n'y avait rien à faire contre la loquacité du nain, que le vin rendait plus prolixe encore, se contenta de hausser les épaules et attendit.

— Donc, poursuivit le petit homme, prenons les choses au début. Vous savez que c'est l'envie de boire qui m'a fait vous retrouver... Me basant sur l'expérience, je me suis dit qu'en buvant un petit coup, je découvrirais peut-être M. de Vilers... J'ai donc bu...

— Cela se voit. Mais poursuis.

— Le vin m'a toujours porté bonheur, voyez-vous. Si je n'étais pas sorti du château de Blérancourt pour tutoyer le vin de France, je n'aurais sauvé personne. Mais je reviens à mes moutons, c'est-à-dire au marquis...

— Hâte-toi, je t'en prie ; tu dois voir que je ne suis pas d'humeur...

— Tiens, c'est vrai ! J'abrégerai donc. D'ailleurs, cela me fatigue de parler et ça me donne une soif ! Il y a qu'après avoir fouillé pour rien une fois, deux fois, trois fois, la ville d'Anvers et ses environs, je commençais à désespérer, quand voilà qu'un soir, éreinté d'avoir couru, j'entre me reposer dans une auberge...

— Et c'est là que...

— C'est là qu'il y avait d'excellent faro, auquel je commençais à m'accoutumer, pour varier avec le vin. Or, je venais de vider le premier moos, quand une querelle de tous les diables s'élève...

— Une querelle ?

— Oui... je pourrais même dire sans exagération une bataille. Au plus fort, comme j'essayais de comprendre de quoi il s'agissait, les hallebardiers arrivent et nous mènent tous au violon... un instrument que j'aimerai dorénavant, moi qui ne pouvais pas le sentir...

— Mais qu'a de commun cette arrestation avec le marquis ? demanda Tony impatienté.

— Vous allez voir... Au violon, on m'interroge... je dis que je ne savais rien.

— Naturellement.

— Oui. Mais les autres, ceux qui se battaient, racontent leur histoire. Il s'agissait d'un cheval que l'un des deux était accusé d'avoir volé... Il s'explique, et savez-vous ce qu'il raconte ?

« — Je peux pas le rendre, qu'il dit dans son » baragouin. Je l'ai vendu.

» — A qui ?

» — Je sais pas ! »

On s'étonne, on demande la preuve, et patati et patata... Il désigne celui à qui il a vendu le cheval... Un officier français, avec un habit blanc et un manteau rouge...

— Vilers ! s'écria Tony.

— Vilers qui partait.

— Mais pour où ?...

— Dame, probablement pour Paris. S'il fût venu par ici, vous auriez entendu parler de lui pendant la bataille... Je suis sûr qu'il est à Paris.

— A Paris ? Et justement on disait tout à l'heure que nous allions y rentrer. Dieu soit loué ! Goliath, je t'emmène avec moi.

— A Paris, moi ?... quelle chance ! maman Nicolo, ma digne amie, une autre bouteille pour fêter cette heureuse nouvelle !

— Bois à ton aise, mon pauvre Goliath. Moi, je cours m'informer au quartier général de ce qu'il peut y avoir de vrai dans ces propos de départ.

Et Tony sortit, laissant le nain compléter son ivresse.

XXII

LE BILLET DE L'AMANT

On n'avait point trompé Tony. Rocoux avait été une bataille décisive. Le maréchal de Saxe jugea à propos d'arrêter là momentanément la campagne.

Il fit occuper les villes prises, détacha de son armée treize bataillons et neuf escadrons, qu'il envoya en Bretagne, sous les ordres de MM. de Contades, de Saint-Pern et de Coëtlogon, défendre les côtes attaquées par les Anglais, puis il prépara ses quartiers d'hiver en pays conquis.

La maison du roi, la gendarmerie et la brigade composée de deux régiments de gardes-françaises, partirent le 17 octobre pour Paris. Tous ces mouvements de troupes sont rigoureusement authentiques.

Dans les premiers jours de novembre 1746, semblaient donc s'être donné rendez-vous à Paris tous les survivants de ces tragiques aventures.

Mame Toinon était revenue à sa maison de la rue des Jeux-Neufs, qu'elle avait si bien espéré ne plus revoir.

Elle y avait retrouvé, gardant toujours la boutique, la fidèle Babet dont la figure maussade était devenue presque gracieuse de joie à l'arrivée de sa patronne.

On juge si les voisins étaient accourus, attirés un peu par sympathie et beaucoup par curiosité, s'enquérir des événements curieux qui avaient dû se passer dans le lointain voyage de la costumière.

Mais leur attente avait été déçue.

Toinon, en effet, n'était plus la joyeuse et gaillarde et bavarde personne que nous avons présentée au début de notre récit.

Depuis son départ, un grand changement s'était opéré en elle.

Elle était sérieuse, triste, presque timide...

Toinon, en arrivant à Paris, avait eu tout d'abord un cruel désappointement.

Elle avait espéré que Tony reviendrait comme autrefois loger rue des Jeux-Neufs. Elle s'était empressée de nettoyer, de parer elle-même la meilleure chambre de la maison.

Vaine prévenance. Tony avait refusé.

—Vous comprenez, avait-il dit, que je ne puis aller habiter aussi loin de la caserne où je suis appelé par mon service à chaque instant. J'irai rue des Jeux-Neufs souvent, bien souvent, autant que me le permettront mes heures de liberté, mais je prendrai un logement tout près du quartier.

La pauvre maman Toinon n'avait pas osé répliquer. Tony venait en effet presque tous les jours rue des Jeux-Neufs, où ses bottes, son épée et ses épaulettes d'or mettaient en rumeur tout le quartier, qui n'en pouvait croire ses yeux, mais ses visites étaient de plus en plus froides et courtes.

Quand il partait, les voisins malicieux et envieux remarquaient que mame Toinon avait les yeux gros comme quelqu'un qui a envie de pleurer. Puis, le nuage qui couvrait son front s'éclaircissait et elle semblait joyeuse pour quelques heures. On eût dit qu'elle avait un secret qui lui causait à la fois plaisir et douleur.

Les habitants de la rue des Jeux-Neufs auraient bien voulu le connaître, ce secret! Mais Toinon, chose incroyable, ne voisinait plus!

Un personnage, qui avait également le don de préoccuper beaucoup les bons bourgeois du quartier Montmartre, c'était maître Goliath, le nain.

Tony l'avait amené avec lui et en avait fait son factotum. Vêtu d'un costume demi-civil, demi-militaire, le bout d'homme venait fièrement, soit de la part de Tony, soit pour l'accompagner. Il vivait en partie à la caserne où il engageait des luttes bachiques avec ses amis La Rose, Pivoine et Normand, à la cantine de maman Nicolo.

Mais cela ne l'empêchait pas de fouiller tous les coins de la capitale pour y trouver le marquis de Vilers...

C'était, hélas, peine perdue !

A l'hôtel de Vilers, la situation était toujours la même.

Le temps s'était écoulé. La marquise était sur le point de mettre au monde l'enfant qu'elle portait dans son sein, et Vilers ne reparaissait pas.

La campagne était finie pourtant. Qu'était-il devenu ? Était-il mort ? Se cachait-il seulement ?

Parfois Haydée, tout entière au bonheur d'être mère oubliait ses épouvantables tourments pour ne plus songer qu'à ce petit être qu'elle chérissait déjà.

La mère absorbait l'épouse.

Puis elle se demandait quel serait le sort de ce pauvre enfant qui viendrait au monde sans connaître son père ; qu'il faudrait élever, privé de son protecteur naturel... Et cet enchaînement d'idées la ramenait au souvenir de celui qu'elle n'osait plus espérer revoir...

Alors, la marquise pleurait, les douleurs de l'épouse absorbant à leur tour les joies de la mère.

En vain, Tony, qui de temps à autre était admis auprès de madame de Vilers, — en vain, le baron de Chartille qui, trois fois par semaine, renonçait à la chasse pour venir à Paris, réunissaient-ils tous leurs efforts pour consoler Haydée et lui faire croire que Vilers reviendrait. Tous les raisonnements échouaient devant son absence prolongée et inexplicable.

Voyons maintenant ce que devenaient Maurevailles et Lacy.

Nous avons fait suffisamment connaître le caractère des deux Hommes Rouges, pour qu'on soit certain qu'ils ne se tenaient point pour battus et comptaient toujours sur la revanche.

Ils attendaient seulement une occasion propice et sûre.

Leurs apparitions au quartier étaient rares ; ils n'y venaient même que lorsque leurs fonctions l'exigeaient absolument. Le reste du temps, ils complotaient.

Au soir où nous sommes, ils avaient devant eux leur courrier Luc, celui qui leur avait annoncé aux Pays-Bas la grossesse de la marquise.

— Et tu dis alors, demanda Maurevailles à son espion ordinaire, que la marquise sort souvent ?

— Monsieur le chevalier le sait comme moi. Il a pu la rencontrer en promenade.

— Parle toujours.

— Eh bien, j'ai repris mes relations à l'hôtel de Vilers, et l'on m'a raconté que les médecins ont ordonné à la marquise, non seulement de l'exercice, mais encore et surtout du grand air. Elle a commencé par des promenades dans les jardins, conduite ou par le vieux Joseph, ou par le baron de Chartille — auquel il ne faut pas se frotter. Maintenant, elle sort deux ou trois fois par semaine pour aller, soit au Cours-la-Reine, soit à la porte Saint-Antoine...

— Et peux-tu savoir de quel côté se dirigera sa promenade aujourd'hui ?

— Bien facilement. Je suis intime avec le valet de pied, qui n'a pas de secrets pour moi.

— Eh bien, pars vite et reviens nous informer !

Luc sortit. Les deux Hommes Rouges restèrent seuls.

— Alors, demanda après un silence Lacy à Maurevailles, tu ne renonces pas à la marquise ?

— Jamais. J'ai été joué, bafoué, vilipendé, mis en prison... Ce n'est plus par amour maintenant que je la veux, c'est pour me venger d'elle et de son mari.

— Son mari est mort...

— Bah ! Qui sait ? Et puis qu'importe ?

— Tu as raison. Compte sur moi alors. J'ai juré ! Mais quel est ton but ?

— Je veux l'avoir, elle et son enfant, à ma discrétion et pouvoir ainsi tenir tête à Chartille, au jeune coq de Tony et à toute leur bande.

— Et ton service aux gardes ?

— J'enverrai ma démission que j'ai toute prête dans ma poche... D'ailleurs le colonel, duc de Biron, qui succède au marquis de Langevin comme colonel, sera peut-être un peu moins prévenu contre nous.

Maurevailles fut interrompu par l'arrivée de Luc qui accourait.

— Monsieur, Monsieur, dit-il, la marquise vient de sortir en carrosse, avec sa sœur, mademoiselle Réjane.

— De quel côté vont-elles ?

— Elles vont sortir par la porte Saint-Antoine et aller jusqu'au donjon de Vincennes. La marquise compte se promener dans les allées du bois.

— Parfaitement, s'écria Maurevailles avec une sinistre joie. Elle ne pouvait choisir un endroit plus propice à mes desseins ! Allons, Lacy, en route et bon courage ! Nous touchons au but, cette fois !

Les chevaux étaient prêts. Les deux officiers, qui avaient quitté leurs uniformes pour revêtir de riches costumes de ville, sautèrent en selle, non sans s'assurer que les fontes étaient solidement garnies.

— Défiez-vous, monsieur le chevalier, fit observer Luc. Je vous avertis que le carrosse est accompagné et surveillé...

— L'avis est bon, dit Maurevailles, en haussant les épaules, mais, nous aussi, nous avons pris nos précautions.

Ils piquèrent des deux et partirent dans la direction de la Bastille où ils comptaient joindre le carrosse qui allait fort lentement.

La promenade choisie par la marquise était fort belle. Le long de la route, les *folies* — c'est ainsi qu'on nommait alors les petites maisons où les courtisans allaient loin des regards curieux se livrer à leurs ébats — les *folies*, disons-nous, étalaient leurs parcs et leurs jardins aux senteurs parfumées.

Les derniers rayons du soleil d'automne illuminaient la route, au bout de laquelle le bois ombreux offrait un refuge tranquille au promeneur ennemi de la foule.

Le comte et le chevalier rejoignirent le carrosse.

En apercevant la marquise, toujours adorablement belle, dans sa pâleur de malade, Maurevailles sentit son cœur bondir. Son amour renaissait plus ardent que jamais.

Quant à Lacy, il avait vu la tête mutine et triste de Réjane qui, par la portière, regardait la route, et il se disait en lui-même :

— Comment Maurevailles ne répond-il pas à l'amour de cette adorable enfant qui, elle, est folle de lui !... Ah ! que je serais heureux, si, au lieu de se donner au chevalier, son cœur eût voulu me choisir !

Les deux cavaliers retinrent leurs montures ; il s'agissait de ne pas être vu. L'endroit n'était pas propice à un enlèvement. D'abord il y avait trop de monde ; ensuite, comme l'avait dit Luc, le carrosse était gardé.

A côté du cocher, sur le siège, le vieux Joseph interrogeait la route. Derrière, deux solides laquais, se pendant aux étrivières, empêchaient toute surprise...

Enfin, à droite et à gauche, cinq ou six promeneurs, ouvriers ou paysans, marchaient en chantant ou en causant de leurs affaires, et pour leur plaisir personnel, sans doute, ne perdaient pas de vue le carrosse et les deux dames qui étaient dedans.

— Attendons d'être dans le bois, dit Lacy à Maurevailles, qui grinçait des dents d'impatience.

— Par les mille diables d'enfer, le carrosse ne marchera donc pas plus vite, afin de laisser ces manants derrière lui ?...

— Ils ont l'air de s'y attacher... On dirait qu'ils l'escortent...

— Allons donc !

— Vois plutôt. En voici un qui se rapproche et parle au vieux Joseph. Ah ! si je pouvais voir son visage...

Le paysan avait, en effet, échangé quelques paroles avec le fidèle serviteur du marquis de Vilers. Sur un signe de Joseph, il ralentit le pas, ainsi que son compagnon, qui semblait être non moins paysan que lui, et laissa le carrosse poursuivre sa route au milieu des autres promeneurs.

— Que signifie ce manège ? demanda Lacy intrigué.

Les capitaines continuèrent d'avancer. Bientôt, ils ne furent plus qu'à quelques pas des deux paysans, qui cheminèrent à côté d'eux, de même que les autres marchaient auprès du carrosse.

— Morbleu ! j'y suis maintenant, murmura Lacy

en se penchant à l'oreille de Maurevailles. Pendant que leurs amis surveillent la voiture, ces deux-là nous espionnent.

— Que veux-tu dire ?

— Ne t'émeus pas et, sans en avoir l'air, examine celui qui est à côté de toi...

— Eh bien !

— Tu ne connais pas cette figure ?

— Non.

— Tu as la mémoire courte... Te souviens-tu de notre arrestation à l'hôtel de Vilers ?...

— Si je m'en souviens ? s'écria Maurevailles avec colère.

— Et tu as oublié l'homme qui t'a passé une corde autour du corps. .

— Ah ! morbleu ! je le reconnais en effet... il faut que je casse la tête à ce drôle ?

— Garde-t-en bien !... Du calme au contraire... Je vois de quoi il s'agit... Joseph a fait part au lieutenant de police de la sortie de la marquise... Nous avons devant nous La Rivière et ses estafiers...

— Et tu crois que nous ne ferions pas bien de charger cette canaille ?...

— Pas du tout. A la ruse opposons la ruse, et attendons une occasion.

— Soit, dit Maurevailles, en rongeant sa colère ; au fait, tu as raison. Ce n'est pas le moment de nous attirer une querelle avec M. de Marville.

— Seulement, le coup est manqué pour aujourd'hui et nous ferons bien de rentrer dans Paris.

— Allons donc ! Tu l'as dit toi-même, il faut agir de ruse... j'ai trouvé mon moyen.

— Quel est-il ?

— Tu verras. Mais prenons le trot. Nous n'avons plus besoin de suivre le carrosse, et je ne suis pas fâché de faire courir un peu messieurs de la police.

Les deux cavaliers éperonnèrent leurs montures et partirent au grand trot par une route transversale, à la grande stupéfaction des deux exempts qui les surveillaient.

Car c'étaient bien, en effet, des exempts que, sur la demande du baron de Chartille, le lieutenant de police avait mis à la disposition de madame Vilers, pour la suivre et la protéger dans sa promenade à Vincennes.

Les deux pauvres policiers se demandèrent un instant s'ils devaient courir après les cavaliers. Mais, songeant qu'avant tout ils avaient mission de veiller sur la voiture, ils rejoignirent leurs camarades.

Maurevailles et Lacy avaient fait un détour et étaient arrivés les premiers dans le bois.

Ils attachèrent leurs chevaux à un poteau et se cachèrent dans un massif. Là, Maurevailles tira ses tablettes et se mit à écrire.

— Que diable fais-tu ? demanda Marc de Lacy intrigué.

— Tu vas voir tout à l'heure.

La voiture arriva à son tour. Haydée et Réjane en descendirent.

Après un rapide coup d'œil aux environs, Joseph s'écarta pour laisser les deux femmes se promener. Les exempts l'imitèrent.

Quelques instants se passèrent ainsi ; Marc et Maurevailles ne bougeaient pas.

Peu à peu Haydée et Réjane, ne voyant rien de suspect, avaient pris confiance. Joseph lui-même, croyant les Hommes Rouges repartis pour Paris, avait cessé d'être sur ses gardes.

C'était là ce que Maurevailles attendait.

Il suivit pas à pas, derrière les buissons, la marquise et sa sœur. Saisissant un moment où celle-ci tournait la tête vers lui, il se montra tout à coup.

Réjane étouffa un cri de surprise.

— Qu'as-tu ? demanda Haydée subitement inquiète.

— Rien, je me suis heurté le pied contre une racine.

Le plus difficile était fait. Le chevalier avait la certitude d'avoir été vu. Il était évident que Réjane tournerait à la dérobée les regards de son côté.

Maurevailles déplia le billet qu'il avait écrit et le montra à Réjane.

Elle devint toute rouge. Elle avait donc compris.

Il enroula le billet autour d'un caillou et, jetant le tout aux pieds de la jeune fille, se cacha de nouveau.

— Tiens, s'écria-t-elle, il y a encore des fleurs dans l'herbe.

Et elle se pencha, ramassa vivement le billet et le cacha furtivement dans son sein.

— Non, je me suis trompée, fit-elle froidement.

Pendant ce temps-là, Maurevailles disait à son ami :

— Allons-nous-en. Nous avons maintenant une intelligence dans la place.

Réjane était impatiente de connaître le contenu du billet qui lui brûlait la poitrine. Elle prit un nouveau prétexte pour s'écarter un instant de sa sœur et lut avidement ce qui suit :

« Vous pouvez aider celui qui vous aime à con-
» jurer un grand danger qui menace votre sœur.
» Je serai ce soir, à dix heures, à la petite porte
» du jardin. Silence ! »

XXIII

LE PREMIER RENDEZ-VOUS DE RÉJANE

Le soir était venu.

Soigneusement enveloppé dans un grand manteau de couleur sombre, Maurevailles s'achemina vers l'hôtel de Vilers.

Il évita de passer par la grande porte, qui devait être surveillée par les hommes de M. de Marville, et alla directement sur le quai de Béthune, à l'endroit où nous avons déjà vu, au commencement de ce récit, Tony escalader le mur des jardins de l'hôtel.

Maurevailles savait qu'il n'aurait pas besoin d'escalade. Il connaissait assez le fol amour de Réjane et sa confiance de jeune fille, ignorante du mal, pour être certain qu'elle viendrait au rendez-vous qu'il lui avait fixé.

Il avait raison.

Le billet de Maurevailles avait, en effet, soulevé une profonde émotion dans l'âme de la jeune fille.

C'était donc vrai !... Son rêve se réalisait !... Elle était aimée de celui à qui s'était adressé le premier battement de son cœur !

Renonçant aux projets infâmes qu'elle lui avait entendu former au château de Blérancourt, Maurevailles se consacrait à elle tout entier et, loin de chercher, comme autrefois, à perdre Haydée, il s'exposait pour la sauver...

Réjane était heureuse et fière d'être la cause de ce retour vers le bien.

Cependant, malgré elle, des doutes venaient l'assaillir. Cette conversion était-elle sincère ? N'était-ce pas un piège qu'on lui tendait ?

Mais elle repoussait ces doutes indignes... Elle se les reprochait comme autant de blasphèmes.

— Maurevailles est généreux et bon, se disait-elle ; il a été abusé dans un moment de folie, il a voulu tenir un serment prononcé à la légère... Ce serment, Vilers ne l'avait-il pas prononcé, lui aussi ? Et quel homme est plus noble et loyal que Vilers ? Maintenant Maurevailles, noble et loyal aussi, reconnaît ses erreurs et veut les réparer ?...

Elle se rappelait les efforts qu'il avait faits pour la sauver, lors de l'horrible scène qui l'avait rendue folle. Elle se souvenait qu'il n'avait pas voulu se sauver sans elle...

— Mon Dieu, disait-elle encore, il ne peut songer à me tromper. Il m'aime bien véritablement ; je le sens, j'en suis sûre.

Cependant, elle hésitait à aller à ce rendez-vous... le premier. Elle, si résolue le jour où elle était allée réclamer Maurevailles au lieutenant de police, elle avait peur maintenant de se trouver seule avec lui.

A mesure que l'heure approchait, son hésitation redoublait.

Elle regardait avec anxiété la pendule de Boule dont l'aiguille, si lente à son gré tout à l'heure, semblait dévorer l'espace maintenant...

— Non, dit-elle tout à coup, je ne puis aller à ce rendez-vous. Ce serait mal, puisque, pour m'y rendre, je dois me cacher, puisque je n'ose en parler même à ma sœur, puisque je rougis, puisque je tremble qu'on ne me voie !

Elle avait déjà pris une mante pour sortir. Elle la jeta loin d'elle, comme pour chasser au loin la tentation.

Et la pendule marchait toujours, l'aiguille allait atteindre l'heure...

Réjane ouvrit un livre, espérant chasser, grâce à lui, les idées qui l'assaillaient, mais elle ne lut que des yeux, sans comprendre : sa pensée était ailleurs.

Tout à coup le timbre argentin de la pendule retentit.

La pauvre enfant jeta brusquement son livre, ramassa sa mante et posa le doigt sur le bouton de la porte....

Elle s'arrêta.

Mais le plus fort était fait. La porte s'ouvrit et

la jeune fille se hasarda, émue, palpitante, rouge à la fois de honte et de plaisir, dans les allées du jardin.

Légère comme un sylphe, retenant son haleine, s'effrayant de tout, du bruit du sable qui craquait sous ses pas, du choc d'une branche morte ou d'une feuille qui tombait, elle arriva à la petite porte, derrière laquelle Maurevailles attendait.

Elle écouta.

Rien d'abord que le silence... puis un pas assourdi...

La peur la prit. Si un voleur, cherchant à s'introduire dans l'hôtel, la surprenait là, seule?

Mais derrière la porte, on toussa légèrement.

C'était Maurevailles.

Ses hésitations la reprirent. Fallait-il répondre ou s'enfuir?

Peut-être malgré elle, peut-être avec intention, Réjane soupira, et ce soupir fut entendu de l'autre côté de la porte.

— Réjane ?... est-ce vous ? demanda une voix.

La jeune fille demeura muette.

— C'est moi, reprit la voix, moi qui vous ai écrit...

Réjane n'osait ouvrir.

— Je vous l'ai dit, continua la voix que l'amoureuse pourtant reconnaissait bien, votre sœur court le plus grand danger.

Ma foi, la pauvre enfant n'y tint plus... La porte s'ouvrit toute grande.

Maurevailles était sur le seuil.

— Nous ne pouvons rester ici, dit-il en voyant que la jeune fille était là en face de lui, semblant attendre. Nous sommes mal pour causer... Le premier passant nous remarquerait.

Réjane recula d'un pas. Le chevalier entra, referma la porte et, sans ostentation, retira la clef qu'il garda.

Il faisait une belle nuit d'automne, une de ces nuits où l'hiver s'annonce et qui, claires encore comme en été, sont déjà glaciales comme en décembre.

Mais Réjane n'avait pas froid. Son cœur battait à se rompre, et le sang affluait à ses tempes. Son front était brûlant quand Maurevailles, se penchant vers elle, l'effleura de ses lèvres.

Elle frémit sous ce baiser... le premier qu'elle eût jamais reçu d'un homme...

Mais, de même qu'il n'avait pas voulu rester sur la porte, Maurevailles ne voulut pas demeurer dans le jardin.

— Il fait froid, Réjane, dit-il doucement d'une voix qui retentit à l'oreille de la jeune fille comme une musique céleste, il fait froid, vous êtes brûlante, vous ne pouvez rester ici...

Il jeta les yeux autour de lui et aperçut un petit pavillon champêtre tout vermoulu.

— Qu'est-ce que cela ? demanda-t-il.

— Le vieux kiosque...

— Il n'y a personne ?

— On n'y vient jamais.

— Allons-y, nous y serons à l'abri de la température et surtout des indiscrets... Je ne me pardonnerais pas de vous avoir compromise avant le jour où je pourrai solliciter votre main de Vilers redevenu mon ami...

Ces paroles eurent un effet magique sur la jeune fille, qui d'ailleurs ne demandait pas mieux que de se laisser convaincre.

Maurevailles l'entraîna vers le kiosque.

Réjane était naïve et croyante ; Maurevailles avait l'expérience et la langue dorée des roués de cette époque. Il entassa protestations sur protestations et n'eut pas de peine à capter entièrement la confiance de la jeune fille qui écoutait avec ravissement le langage d'amour tout nouveau pour elle.

— Mais, demanda-t-elle, s'arrachant à regret à la fascination qu'exerçait sur elle l'entretien du chevalier, comment ma sœur court-elle un danger ?

— Vous connaissez Marc de Lacy. C'est lui, lui et Lavenay, qui m'ont poussé à ce fatal serment que je n'eusse jamais prononcé si je vous avais plus tôt connue... Lacy aime votre sœur, comme je croyais l'aimer autrefois. Il est jaloux d'elle, plus que ne le fut jamais le magnat...

Ne pouvant avoir l'amour de la marquise, Lacy a juré de la perdre. Il comptait sur moi pour cela. Mais, grâce à vous, ma Réjane bien-aimée, j'échappe à sa néfaste influence. Vous êtes le bon ange qui me protège contre ce démon.

N'ayant plus à compter sur moi pour le seconder dans ses ténébreuses menées, Lacy a cherché le moyen d'arriver seul à son but, et ce moyen, il l'a trouvé.

— Quel est-il ? Oh ! parlez ! parlez !... s'écria Réjane frissonnante.

— C'est peut-être déloyal, ce que je fais là ! Je trahis mon plus vieil ami, reprit hypocritement Maurevailles, mais je vous aime, Réjane, et pour votre amour, je brise tout. Pourtant, au moment de révéler ce qu'il n'a confié qu'à moi seul, j'hésite...

— Je vous en supplie.

— Eh bien !... mais que ceci ne sorte pas de votre bouche... Lacy veut s'emparer de l'enfant que votre sœur va mettre au monde dans quelques jours...

— Oh ! c'est affreux !

— Oui, c'est épouvantable, car la douleur peut tuer madame de Vilers. Mais Lacy ne s'arrête pas à cela. Il sait qu'ayant l'enfant en son pouvoir, il aura la mère à sa discrétion. Et le plus terrible, c'est qu'il est certain de réussir. Comment fera-t-il ? Je n'en sais rien. Mais il arrivera à son but.

— Que faire ?

— Je ne sais pas encore. Avant tout, j'ai voulu vous avertir, afin que nous avisions à l'en empêcher... Mais surtout, chère Réjane, ne dites pas un mot à votre sœur... Dans sa position, le coup pourrait lui être fatal.

— Et vous n'avez aucun projet ?

— J'en avais un : mais sa mise en œuvre ferait du scandale et c'est là surtout ce qu'il faut éviter. Cependant, ne craignez rien ; je surveille le traître et je vous avertirai en temps utile... Nous avons, je le pense, quelques jours encore, n'est-ce pas ?

— Oui, au moins une semaine, a dit le médecin.

— D'ici là, songez... Je chercherai de mon côté. Demain, à pareille heure, si vous le voulez bien, nous échangerons nos idées... Je me retire, car il est tard, et je ne voudrais pas qu'on pût s'apercevoir de votre absence...

Ils étaient sortis du kiosque et arrivaient à la petite porte. Maurevailles l'ouvrit avec la clef qu'il avait prise.

— Ah ! dit-il, il faut que je vous rende cette clef... Mais, non... permettez-moi de la garder un ou deux jours... Je pourrai vous éviter ainsi la peine et le danger de venir m'ouvrir... Vous n'aurez qu'à m'attendre dans le kiosque.

Réjane était trop émue pour réfléchir. Elle ne refusa point.

Maurevailles garda la clef.

Après un nouveau baiser, aussi chaste que le premier, il s'enfuit, refermant sur lui la petite porte.

. . . .

Si Maurevailles eût été moins certain de son triomphe et s'il eût regardé derrière lui, il eût pu voir deux ombres collées au mur.

Car le chevalier n'était pas venu seul au rendez-vous. Derrière lui deux hommes avaient attendu que la porte s'ouvrît, l'avaient vu entrer et avaient guetté sa sortie.

Au moment où il se retirait, ces deux hommes s'avançaient même pour lui mettre la main au collet, mais une parole qu'il prononça les arrêta.

Cette parole est ce mensonge qu'il osa dire dans le dernier baiser :

— Sois tranquille, chère Réjane, je sauverai ta sœur !...

En entendant ces mots, les deux inconnus, rassurés sur les projets du visiteur nocturne, le laissèrent aller et se remirent à se promener autour de l'hôtel de Vilers.

C'étaient deux des exempts de M. La Rivière.

XXIV

LE PETIT POLICIER

Si les exempts veillaient sur la marquise, il y avait quelqu'un qui veillait sur les exempts.

C'était notre ami Goliath.

Dans ses promenades à travers Paris, Goliath avait longuement réfléchi. Or, de ses réflexions était sorti cet axiome :

— Si le marquis de Vilers est à Paris, il doit s'occuper de ce qui se passe à l'hôtel où est sa femme...

Ceci posé, le nain s'était dit :

— Comme le marquis se cache, c'est la nuit qu'il doit rôder autour de l'hôtel.

D'où cette conclusion logique qu'en surveillant tous les soirs les abords de l'hôtel de Vilers, on ne pouvait manquer, une nuit ou l'autre, de rencontrer le marquis.

Sans en prévenir personne, afin de rendre son triomphe plus certain, Goliath s'était mis en embuscade sur le quai de Béthume.

C'est ainsi que du coin de la porte où il était tapi dans l'obscurité, il avait vu deux hommes passer mystérieusement, comme s'ils craignaient d'être aperçus.

— Hum ! cela est louche, avait-il pensé.

Goliath, tout à fait étranger aux choses de Paris, n'avait aucune idée de ce que pouvait être la police. Elle se résumait pour lui en la maréchaussée et les exempts en tenue.

Ces hommes mystérieux l'intriguèrent donc au plus haut point.

— Ce sont évidemment des gens qui en veulent à la marquise, des sbires des Hommes Rouges, se dit-il avec inquiétude.

Et, pendant la première nuit, il suivit avec anxiété leur manège. Ce fut avec un véritable soulagement qu'au petit jour il les vit partir.

— Ils n'ont pas trouvé d'occasion favorable pensa-t-il, c'est heureux, car je n'étais pas de taille à lutter contre eux.

En homme de ressources, Goliath résolut d'avoir du renfort. Dès que le jour fut complètement levé, il alla faire part de ses soupçons à ses amis les gardes-françaises.

— Moi, je suis petit, leur dit-il après avoir raconté les incidents de la nuit, je puis me faufiler partout. Laissez-moi donc flairer le gibier. Vous, qui êtes forts et solides au poste, vous vous tiendrez à ma portée. A la première alerte, pssst !... j'appelle et vous arrivez !...

— Bravo ! dit le sergent Pivoine de sa voix enrouée, bravo, petit, voilà qui est crânement combiné ! Tu mériterais d'être général !... Seulement où diable nous cacheras-tu ? Trois gaillards comme nous, ça tient de la place.

— Moi, je serais d'avis, dit le Gascon, d'aborder carrément les gars et de les enlever...

— Carrément, appuya le Normand.

— Ah ! mes enfants ! que vous êtes peu malins. Croyez-vous qu'ils se laisseront pincer ?

— Que feront-ils ?

— Ils se sauveront, donc !... Et puis, quand même, de quel droit les arrêteriez-vous ? Tout le monde n'a-t-il pas l'autorisation de se promener la nuit au bord de l'eau ?

— Le petit a raison, dit Pivoine. Laissez-le donc causer. Voyons, où nous logeras-tu, mon fils ?

— Et où seriez-vous plus commodément que dans un bon cabaret, avec un cruchon de vin pour prendre patience ?

— Bravo ! de mieux en mieux. Je vous le disais bien. Il parle comme un ange ! Goliath, il faut que je t'embrasse ! s'écria Pivoine enthousiasmé.

— Laissez-moi donc tranquille, grande bête que vous êtes, dit le nain, en repoussant le sergent qui l'enlevait de force pour l'embrasser réellement... Est-ce que tout le monde ne sait pas que je suis un malin, moi ?

— Un vrai malin, dit La Rose.

— Le malin des malins, compléta le Normand.

— Il est bien entendu que c'est moi qui paye... Le baron de Chartille m'a graissé le gousset, il faut que vous en profitiez...

— Ah ! Goliath, dit La Rose, tu as beau être petit, tu es un grand homme. Commande, nous t'obéissons aveuglément.

— Aveuglément, répéta le Normand.

Et voilà comment, le soir venu, les trois soldats, munis d'une permission de nuit, étaient installés aux *Armes de Bretagne,* tandis que le nain veillait dans sa cachette.

L'aubergiste, bien payé, avait congédié ses autres pratiques et, malgré les ordonnances, conservait chez lui ces trois buveurs d'élite.

C'était justement le soir où Maurevailles avait donné rendez-vous à Réjane.

En voyant ce personnage, enveloppé d'un grand manteau, entrer dans l'hôtel, le nain se dit que ce ne pouvait être que le marquis de Vilers. A quel autre eût-on ainsi ouvert la. petite porte ?

Aussi surveilla-t-il avec soin ceux qu'il ne savait pas être des exempts, persuadé qu'ils attendaient le marquis pour l'attaquer à sa sortie.

Quand il les vit, plaqués contre le mur, il s'éclipsa tout doucement et courut avertir les soldats qui bondirent en écoutant son récit.

— Tonnerre ! hurla le Gascon en agrafant précipitamment son épée. Ils vont avoir beau jeu, les brigands !

— J'ai justement une nouvelle botte à essayer,

dit Pivoine, je ne l'ai encore expérimentée qu'en salle d'armes.

Mais, pendant ce colloque, l'homme que le nain avait pris pour le marquis était sorti, puis s'était éloigné ; les policiers, trompés par sa dernière parole, avaient continué leur promenade autour de l'hôtel,

Les gardes, conduits par Goliath, ne se sentirent pas le courage de pourfendre des gens qui ne semblaient avoir nulle envie de tuer. Ils s'apprêtaient même à retourner à l'auberge quand Goliath les arrêta.

— Attendez donc, dit-il ; il y a autre chose à faire. Ces gens-là doivent avoir un but qu'il sera peut-être intéressant de connaître. Attendons qu'ils s'en aillent, et alors filons-les, nous saurons, au moins, qui ils sont.

Se rendant à cette raison, ils observèrent, puis suivirent les exempts.

Ils les virent entrer à l'hôtel de la police.

— Ah ! cette fois, mon ami Goliath, dit La Rose désappointé, tu t'es joliment mis dedans. Tes hommes ne sont autre chose que des agents de police.

— Allons donc !

— Parbleu ! oui, et nous allions nous attirer avec eux une nouvelle affaire qui nous aurait peut-être menés loin.

— Comment cela ?

— Évidemment. Les gens de M. le lieutenant général ont le bras long, fichtre !

Et La Rose expliqua au nain étonné la puissance dont disposaient ces hommes qui avaient toujours, lui dit-il, un ordre du roi en blanc dans la poche pour arrêter un personnage quel qu'il fût et le conduire à la Bastille d'où, innocent ou coupable, on ne sortait plus jamais...

Goliath ouvrait de grands yeux et songeait Un horizon tout nouveau s'ouvrait devant lui...

— Puisqu'on ne veut pas de moi comme soldat, disait-il, pourquoi ne me ferais-je pas exempt de police ? Voilà un métier qui me conviendrait ! Moi, si chétif, mais intelligent, que diable ! faire plier les autres devant moi...

Les gardes regagnèrent leur caserne. Goliath alla se coucher ; il ne dormit pas de la nuit.

L'idée de faire partie de la police lui trottait dans la cervelle.

Le lendemain, de bonne heure, il arrivait rue des Capucines et se présentait à l'hôtel de M. de Marville.

— Que demandez-vous ? lui dit un huissier en le regardant d'un air goguenard.

— Je veux parler au chef de la police.

— Avez-vous une lettre d'introduction ?

— Non.

— Vous ne pouvez alors être reçu. Monseigneur est occupé pour toute la journée.

Goliath était bien désappointé. Cependant une inspiration lui vint tout à coup.

— Dites à M. le lieutenant de police qu'il s'agit

de l'affaire de Vilers, dit-il à l'huissier avec importance.

Celui-ci, surpris du ton sur lequel cet ordre lui était donné, entra dans les bureaux et revint au bout de quelques minutes.

Il avait l'air beaucoup plus poli.

— Monseigneur le lieutenant général ne peut se déranger en ce moment, dit-il, mais si monsieur veut causer avec M. La Rivière ?...

— Qu'est-ce que c'est que M. La Rivière ?

— L'homme de confiance de monseigneur.

— Soit. Conduisez-moi auprès de lui.

L'huissier s'inclina et mena Goliath au personnage singulier dont nous avons plusieurs fois parlé.

La Rivière connaissait déjà le nain de réputation. Le baron de Chartille en avait parlé au lieutenant général et avait vanté son intelligence.

— Que désirez-vous, mon jeune ami ? demanda l'exempt en baissant la tête vers son bureau, mais en ayant soin de bien examiner Goliath par-dessus ses lunettes.

— Je désire que vous m'expliquiez ce qu'il faut faire pour entrer chez vous, dit catégoriquement le nain.

— Ah ! ah ! vous sentiriez-vous des dispositions pour le métier ?

— Vous avez besoin de chercheurs... Moi, je trouve tout.

— A merveille. Mais, puisque vous trouvez

tout, dites-moi donc un peu ce que vous avez découvert jusqu'à ce jour ?

— C'est facile.

Et Goliath raconta ses prouesses, en ayant soin, naturellement, de changer quelques-unes des circonstances et de se donner le beau rôle, en attribuant à son habileté tout ce que lui avait livré le hasard.

La Rivière l'écoutait en tournant ses pouces.

— Parfait, parfait, murmura-t-il, lorsque le nain eut terminé. Vous êtes habile, mon ami, fort habile ; et quelles seraient vos prétentions ?

— Mes prétentions ?

— Oui, quels appointements demanderiez vous ?

— Moi ? rien ; pour le moment du moins. Le baron de Chartille et le lieutenant Tony ne me laissent manquer de rien. Employez-moi à l'essai. Plus tard, nous verrons.

— Soit, c'est une affaire entendue.

— Vous m'acceptez ?

— Comme auxiliaire et pour cette affaire seulement. Si, comme je l'espère, vous vous en tirez bien, nous nous arrangerons pour continuer à titre définitif.

Le nain nageait dans la joie.

— Et me donnera-t-on un papier, quelque chose pour prouver ma qualité ? demanda-t-il.

— Je vais vous faire expédier une carte de service.

La Rivière entra dans les bureaux et revint au bout de quelques minutes.

— Votre nom ? dit-il.

— Au pays, on m'appelait Johann ; à Paris, les gardes-françaises m'ont baptisé Goliath.

— Goliath, soit, dit La Rivière en écrivant. Voici, ajouta-t-il en lui tendant une carte. Avec ça vous avez des pouvoirs suffisants. Vous viendrez au rapport à deux heures.

Une fois en possession de cette carte, le nain sortit plein d'enthousiasme.

Certain, d'après ce qu'on lui avait dit de la police, qu'on l'avait chargé de hautes et magnifiques fonctions, Goliath allait, se gonflant et s'imaginant que tous les passants devaient le considérer avec respect.

— S'ils savaient que j'ai dans ma poche une carte avec laquelle je pourrais les envoyer à la Bastille ! se disait-il avec orgueil.

A deux heures, La Rivière, confiant en l'intelligence et le dévouement de Goliath, le chargea de surveiller les jardins de l'hôtel.

Mauvaise et fatale idée.

Le nain, en effet, n'avait pas tout dit à l'employé de M. de Marville. Il lui avait caché sa prétendue découverte de l'identité de Vilers.

De plus, ne voulant pas contrarier le marquis, il ne chercha pas à le regarder de trop près, et naturellement il ne reconnut pas Maurevailles.

Celui-ci eut donc toute liberté de rentrer et de sortir par la petite porte. Le nain, au contraire, le protégea, ne se doutant pas qu'il facilitait dans ses entreprises le plus mortel ennemi de Mme de Vilers.

Cela dura huit jours.

Tous les soirs, Réjane revenait au rendez-vous dans le vieux kiosque.

Le huitième jour, elle dit à Maurevailles :

— Je crois que j'ai trouvé un moyen d'échapper à votre faux ami, M. de Lacy.

— Lequel ? demanda curieusement le chevalier.

— Il veut, n'est-ce pas, prendre l'enfant ?

— Oui, pour être maître de la mère.

— Eh bien, si je vous le donnais, à vous ?

— A moi ! s'écria Maurevailles, maîtrisant mal un mouvement de joie.

— A vous, notre meilleur ami, que je chargerai de le porter en lieu de sûreté.

— Mais comment parviendrez-vous à faire consentir à cela votre sœur, dont vous connaissez les préventions contre moi ?

— Je ne lui dirai rien. Je prendrai l'enfant et je vous l'apporterai. Voulez-vous ?

— J'accepte avec bonheur, pour vous être utile.

Maurevailles touchait enfin à son but. L'enfant allait lui être livré.

Il ne s'agissait plus que d'attendre.

Quelques jours s'écoulèrent encore. La délivrance tardait.

Enfin, un soir, Réjane dit à Maurevailles :

— Je n'ai que quelques instants à vous accorder. Ma sœur commence à être fort souffrante.

— Alors, je ferai peut-être bien de rester ici ?

— Non, le médecin n'attend pas la naissance avant demain.

— Qu'importe ? Pour vous être agréable, chère Réjane, et pour être utile à la marquise, je puis veiller...

— Ce serait peine inutile.

— Comment cela ?

— La nourrice n'arrivera que demain soir. Elle sera logée dans une des chambres attenantes à l'appartement de ma sœur, qui tient à ne pas perdre de vue son enfant...

— Parfaitement.

— Joseph, notre vieux et dévoué serviteur, sera chargé tout spécialement de veiller sur lui. Il n'y a donc rien à craindre d'ici demain soir.

— Parfaitement. Mais alors comment ferez-vous pour m'amener le cher petit être ?

— Soyez sans inquiétude. J'ai vingt-quatre heures pour choisir un moyen. Revenez demain à pareille heure. Je vous promets que le traître Lacy sera trompé dans son espoir... Mais, vous me répondez au moins de la sûreté de l'enfant ? Cher petit trésor !... Ce serait la mort de ma sœur, si elle le perdait.

— Doutez-vous de ma sollicitude, ma bien-aimée ? Ah ! soyez tranquille ; je le jure par tout l'amour que j'ai pour vous ! Ce cher mignon sera entouré de tous les soins qu'il aurait eus chez sa mère... O ma Réjane, ayez confiance en celui qui vous aime...

— C'est que c'est peut-être mal, ce que je fais-là ?

— Mal !... Ne suis-je pas votre époux devant Dieu ? Ne vous ai-je pas juré éternelle fidélité. Ah ! Réjane, douteriez-vous de mon amour ?...

. . . .

L'entretien continuait, bien que Réjane eût déclaré qu'elle ne pouvait rester longtemps sans que son absence fût remarquée.

Goliath qui, depuis tantôt deux semaines, veillait à la porte du jardin, commençait à trouver la chose ennuyeuse et, malgré de grands efforts d'imagination, n'arrivait pas à deviner la raison de ces visites quotidiennes et nocturnes.

Il avait résolu d'en avoir le cœur net.

Malin comme un singe, il introduisit au pied de la petite porte, entre celle-ci et son cadre, une cheville de bois qui devait s'abattre quand on ouvrirait.

Le soir où nous sommes, Maurevailles, pressé, ouvrit la porte avec la clef dont il était resté muni, repoussa la porte qui vint buter contre la cheville et tourna la clef dans la serrure.

Le pène joua, mais, grâce à l'interstice qui existait entre la serrure et la gâche, la porte ne fut pas fermée.

Le nain put donc ainsi entrer dans le jardin.

Il s'orienta, chercha des yeux l'endroit où celui

qu'il prenait pour le marquis de Vilers avait pu entrer, et aperçut à dix pas le vieux kiosque.

Il alla coller son oreille à la serrure.

D'abord il n'entendit qu'un bourdonnement confus, puis, peu à peu, les paroles devinrent plus nettes. Il entendit une voix d'homme qui disait :

— Comptez sur mon amour, Réjane.

Réjane !... le marquis de Vilers parlait d'amour à Réjane, sa belle-sœur !

— Je me trompe, bien sûr ! se dit Goliath.

Non, il ne se trompait pas. La suite de l'entretien ne lui laissa aucun doute. C'était bien Réjane qui était là, causant tendrement avec l'homme qui était entré.

Toutes les idées du nain se brouillaient. Il commençait à douter de son bon sens.

— Que résoudre ? se demanda-t-il. Si j'allais faire part de ma découverte à ce bon M. La Rivière ? Peut-être trouverait-il la clef de ce mystère ?... Mais non. Cela peut devenir très grave... Mon chef avant tout, celui qui me paye, c'est le baron de Chartille... C'est lui que je dois avertir.

Et, malgré la nuit, malgré la peur, la distance et la fatigue, Goliath, emporté par son enthousiasme, partit pour Saint-Germain.

XXV

OU TOUS NOS PERSONNAGES S'APPRÊTENT A VEILLER

Il y avait une autre personne que les allées et les venues de Maurevailles intriguaient vivement.

C'était Marc de Lacy.

Dans la scène du bois, il avait bien vu son ami donner un billet à Réjane ; mais, depuis, Maurevailles ne l'avait plus tenu au courant de ses menées.

Lacy avait essayé de l'interroger. Le chevalier lui avait répondu :

— Laisse-moi faire. Nous touchons au but.

Et il n'avait pas voulu en dire davantage.

Si roué qu'il fût, Maurevailles était fort embarrassé vis-à-vis de Lacy. Il n'osait lui dire ce qu'il avait fait et surtout lui avouer toutes les calomnies qu'il avait racontées sur lui à Réjane.

En diverses circonstances dont nos lecteurs

doivent se souvenir, il avait pu remarquer que son ami était fort épris de la sœur de la marquise.

— L'ami Marc, se disait-il, serait médiocrement flatté de connaître le portrait que j'ai fait de lui à l'objet de son culte...

Certes, Lacy aurait mal pris la chose. Depuis qu'il avait revu Réjane à Vincennes, il nageait positivement dans l'enthousiasme.

Aussi, ne sachant ce qui se tramait, excitait-il son ami à renoncer à ses projets.

— Vilers n'a pas reparu, disait-il ; tout fait présumer qu'il a été tué. Lavenay a payé de sa vie son obéissance à notre pacte. Des quatre Hommes Rouges, nous ne sommes plus que deux. Tu ne dois donc compte qu'à moi de ton serment...

— Et à moi aussi, murmura Maurevailles.

— Eh bien, je t'en délie de grand cœur. Laissons les choses telles qu'elles sont et ne luttons plus contre la destinée qui veut s'accomplir... Évidemment la marquise restera fidèle à la mémoire de son mari. Fais donc la paix avec elle ; aide-la même, si elle espère encore, à rechercher son mari...

— Allons donc ! et ma vengeance !... Non, non, laisse-moi faire. Nous touchons au but, te dis-je.

— Mais comment ? J'ai alors le droit de le savoir.

— Tu le sauras quand le moment sera venu.

Et Maurevailles ne faisait point d'autre réponse, au grand désespoir de son ami.

Celui-ci résolut de percer à jour le mystère.

Le soir même où le nain partait pour Saint-Germain, Marc de Lacy avait remarqué que Maurevailles était de plus en plus préoccupé. Il fit une dernière tentative.

— Patience, dit le chevalier. Peut-être demain soir pourrai-je te dire tout.

— Peut-être ! se dit Marc ; eh bien, oui, je saurai tout, mais par moi-même. Puisque Maurevailles se cache de moi, je n'ai pas de ménagements à garder... Demain soir, je le suivrai et bon gré mal gré, je sonderai le mystère...

. . . .

Pendant ce temps, notre ami Goliath arrivait à Saint-Germain, poudreux, boueux, harassé de fatigue, mais enchanté. Il alla frapper à coups redoublés à la porte de l'hôtel du baron de Chartille.

Ce n'était pas chose facile que de pénétrer à pareille heure auprès du baron, et Goliath dut longuement parlementer. Mais nous savons qu'il était tenace !

A force de paroles, il réussit à se faire introduire auprès du vieillard.

Celui-ci le reçut couché et lui demanda, tout ému, ce qui pouvait nécessiter une visite si pressée.

Goliath le mit promptement au courant de la situation.

— Je viens à vous tout d'abord, dit-il en terminant, parce que c'est vous qui m'emplissez la poche et que vous êtes le premier à qui je doive compte de mes actions. Mais n'êtes-vous pas d'avis que je devrais aussi aller tout dire à mon brave ami, mon lieutenant, M. Tony ? Y consentez-vous ?

— Si j'y consens, morbleu ! s'écria le baron en sautant à bas de son lit, mais c'est-à-dire que je le veux absolument. Nous allons même y aller ensemble... Comtois, Lapierre ! qu'on m'habille au plus vite et qu'on fasse atteler !

Les valets s'empressèrent d'obéir. Le baron se vêtit à la hâte.

— Tony ne sera de trop dans aucune expédition, dit-il en ceignant son épée et en se préparant à partir. Allons, petit, y es-tu ? Va voir si ces fainéants ont attelé.

Le carrosse était dans la cour. Goliath essaya de se hisser à côté du cocher. Le baron le retint par le bras.

— Non pas, non pas, mon brave, dit-il, monte avec moi. Je n'ai peut-être pas bien saisi tout ce que tu m'as raconté tout à l'heure, j'étais à demi endormi encore. Reprends de nouveau ton récit et n'épargne pas les détails.

Le nain, tout confus, se blottit dans un coin du carrosse, n'osant bouger.

Cependant, au bout de quelques minutes, il se remit de son émotion en se disant que l'honneur qui lui était fait, était, au bout du compte, bien dû à son intelligence. Puis, profitant de l'autorisation qui lui était octroyée de donner des détails, il raconta minutieusement l'affaire, sans en oublier un seul incident.

— C'est inouï, disait le baron. Pourquoi Vilers se cacherait-il ainsi de sa femme ?... Et ces paroles à Réjane ?... Il faut éclaircir tout cela !...

On arriva chez Tony, qu'il fallut aussi éveiller. Il ne fut pas moins stupéfait que le baron.

— Si c'est le marquis, se disait-il lui aussi, pourquoi se cache-t-il ? Ah ! nous le forcerons bien à se montrer... Est-ce sa faute si jamais la mort n'a voulu de lui ? Personne ne l'a plus bravement affrontée, personne ne s'est mieux battu... Mais peut-être cet homme n'est-il point Vilers ?... Si c'était Maurevailles ou Lacy que Goliath aurait pris pour le marquis !... Morbleu ! mon épée déjà s'ennuie !...

Ils discutèrent longuement sur le parti à prendre, il fut convenu qu'on attendrait la tombée de la nuit pour éclaircir le mystère.

En attendant, comme le baron ne voulait pas se montrer dans Paris, Goliath alla commander un déjeuner qu'il servit dans la chambre même de Tony.

La journée se passa en hypothèses et en projets. Le soir venu, on allait partir, quand le baron demanda tout à coup :

— Dites donc, Tony, et ces braves gens qui, au camp, vous croyant mort, étaient venus me demander de faire prier pour vous ?

— La Rose, le Normand et Pivoine ? dit en souriant l'ancien commis à mame Toinon.

— Justement. Que sont-ils devenus ? Sont-ils à Paris ?

— Oui. Nous pourrions les trouver à leur caserne, à deux pas d'ici.

— Si nous les prenions en passant. On ne sait pas ce qui peut advenir. Si l'homme qu'a vu Goliath avait avec lui des amis ou des spadassins !... Nous avons besoin d'être en force, ne fût-ce que pour placer des sentinelles à toutes les issues, afin qu'il ne nous échappe pas.

— Je ne demande pas mieux, dit Tony. Attendez-moi un instant, je vais les prévenir.

Quelques minutes après, les trois gardes-françaises arrivaient.

— En route ! dit le baron.

— Pardon, fit observer le nain. Je ne vais pas avec vous, moi.

— Comment cela, tu nous abandonnes ?

— Non, mais je vais opérer de mon côté... J'ai aussi mes hommes à diriger, moi.

Il disait cela avec orgueil. On sentait l'importance qu'il avait dans l'affaire.

— Soit, dit le baron. A tout à l'heure.

— A tout à l'heure, sur le quai, derrière les jardins !...

. . . .

La nuit était tout à fait venue.

Le baron, Tony et les trois gardes-françaises,

tous armés, étaient échelonnés dans l'ombre, le long du mur des jardins de Vilers.

Sur la berge, se dissimulant de leur mieux, les exempts de La Rivière attendaient pour marcher le signal de Goliath, qui, lui, veillait près de la petite porte.

Enfin, Maurevailles enveloppé dans son manteau s'avançait avec précaution, tandis qu'à vingt pas derrière lui, Marc de Lacy, l'épiant, réglait sa marche sur la sienne.

On allait se trouver en présence.

La nuit était venue ; une nuit d'hiver, froide et noire.

Maurevailles, impatient d'en finir, avait devancé l'heure accoutumée. Il attendit dans le vieux kiosque la visite de Réjane.

Comme il l'avait dit à Marc de Lacy, il touchait au but, et, cette fois, il espérait bien qu'aucun obstacle ne viendrait se dresser devant lui pour l'arrêter.

Aussi était-il dans un état d'agitation fébrile.

— Si elle n'allait pas venir... se disait-il ; si nos rendez-vous avaient été surpris !... si on la surveillait !...

Un bruit de pas légers se fit entendre, la jeune fille apparut.

— Enfin ! ne put s'empêcher de s'écrier le chevalier.

— Ah ! mon ami, ne me grondez pas, dit Réjane avec émotion. Ce n'est qu'avec beaucoup de peine que j'ai pu parvenir à m'échapper. Ma sœur souffre horriblement et les médecins sont là autour d'elle. Ils disent que l'enfant peut venir au monde d'un instant à l'autre... Toute la maison est sur pied ; je ne pouvais m'éloigner sans risquer d'être aperçue...

La figure de Maurevailles se rasséréna.

— Qui songe à vous accuser, mon doux ange ? dit-il en mettant dans sa voix toute la séduction possible. Ne sais-je pas combien est difficile notre situation à tous deux ? Et cela par ma faute, par suite de ma folie passée !... Ah ! si quelqu'un mérite un blâme, ce n'est pas vous, Réjane, c'est moi !...

— Ne parlez pas ainsi, Albert. Ne vous ai-je pas accordé sans restriction votre pardon ?

— Mon pardon dont j'étais indigne, mais que je tiens à mériter en vous rendant à vous et à votre sœur un important service... Car il ne faut pas oublier, Réjane, que nous avons un devoir à remplir...

— Je ne l'oublie pas, mon ami. La nourrice est là, prête à recevoir l'enfant. Mais elle nous est acquise. Aussitôt qu'elle aura l'enfant, elle m'avertira ; elle sait qu'elle doit m'accompagner jusqu'ici pour le remettre entre les mains d'un cavalier...

— Êtes-vous sûre de la discrétion de cette femme ? s'écria Maurevailles effrayé.

— Absolument sûre. Je l'ai achetée par des présents, et elle a la promesse d'une bonne récompense, si nous réussissons.

— Fort bien. Que Dieu nous protège dans cette entreprise. Le bonheur de tous en dépend...

— Mais vous, Albert, vous me répondez en retour que toutes vos précautions sont prises pour que l'enfant ne coure aucun danger ?

— Y pensez-vous, Réjane ?... Compromettrais-je par une imprudence tout un avenir d'amour et de bonheur ?...

. . . .

Pendant que Maurevailles causait avec Réjane, les exempts, postés aux alentours du jardin, se demandaient quelles pouvaient bien être les ombres qu'ils voyaient rôder aux environs.

Cependant, comme aucune de ces ombres ne paraissait avoir l'intention d'entrer et que leur mission à eux consistait surtout à surveiller la porte, ils se dirent que, la marquise étant sur le point d'accoucher, ils avaient peut-être affaire à des curieux ou à des amis attendant l'événement.

Goliath, qui savait à quoi s'en tenir et qui avait reçu de La Rivière la haute main sur cette expédition, les rassura sur ce sujet et les confirma dans cette idée.

Les ombres, du reste, ne tardèrent pas à diminuer et à s'éclipser tout à fait.

Le baron de Chartille et ses amis s'étaient en effet concertés. Ils avaient eu d'abord l'idée d'agir ensemble. Mais ils avaient promptement reconnu que c'était là une chose impraticable.

Ne sachant en aucune façon ce qui se passait et à qui ils avaient affaire, songeant que l'imprévu peut à tout instant modifier le plan le mieux conçu, ils décidèrent d'agir isolément.

Pivoine, le Normand et La Rose furent renvoyés aux *Armes de Bretagne*, avec consigne d'avoir l'oreille au guet et de se tenir prêts au premier signal.

Le baron qui pouvait officiellement pénétrer dans l'hôtel, se chargea de veiller dans une des pièces voisines de la chambre de la marquise.

Le nain retourna avec les exempts, afin de pouvoir, au besoin, les mettre au service du baron et de ses amis, et les empêcher, au contraire, d'intervenir au cas où on aurait intérêt à ce que la police ne se mêlât pas de ce qui se passerait.

Quant à Tony, il demanda à être partout à la fois, et pour commencer, entrant avec le baron par la grande porte, il se rendit dans le jardin afin de faire une ronde intérieure, tandis que les exempts, restés seuls sur le quai avec Goliath, faisaient la surveillance à l'extérieur.

Se rappelant ce que lui avait dit le nain, au sujet du vieux kiosque, ce fut là qu'il porta d'abord ses pas.

Maurevailles et Réjane qui causaient à demi-voix l'entendirent :

— On vient, s'écria la jeune fille, je suis perdue !

Maurevailles tira son épée.

— Pour arriver jusqu'à vous, il faudra passer sur mon corps ! dit-il résolument.

— Chut !... attendez... on s'arrête...

Tony s'arrêtait, en effet, à la porte du kiosque. Il la poussa doucement et sentit qu'elle résistait. Ignorant si elle était fermée d'habitude, il s'approcha et prêta l'oreille.

Il n'entendit rien.

— Allons ! se dit-il, il n'y a encore personne là. Peut-être ne sera-ce que pour plus tard.

Réjane et Maurevailles l'entendirent s'éloigner.

— On me cherche ! murmura Réjane avec désespoir. Mon Dieu, on se sera aperçu de mon absence !

— Non, dit le chevalier, rassurez-vous, c'est quelque jardinier qui fait sa ronde. Profitons de son départ pour nous séparer avant qu'il revienne.

— Oui, car je suis inquiète de ma sœur !...

— C'est juste, courez vite... mais n'oubliez pas nos conventions...

— Non, certes ; où vous trouverai-je ?... ici ?

— Non... à la petite porte. Je la tiendrai entrebâillée. Aussitôt que vous m'aurez remis l'enfant, je courrai le porter en lieu sûr.

— C'est convenu... au revoir.

Réjane s'élança à travers le jardin, mais pas assez vite pour que Tony, du bout de l'allée, ne l'aperçût.

Il courut après elle et la rejoignit.

— Vous, Réjane, ici ? s'écria-t-il en la reconnaissant.

— Silence, je vous en supplie !... murmura la jeune fille en tombant à genoux.

— Malheureuse enfant, d'où venez-vous ? ou plutôt avec qui étiez-vous dans ce kiosque ? car c'est de là que je viens de vous voir sortir, de ce kiosque où chaque soir un homme se rend pour vous trouver !...

— Grâce, au nom du ciel, ne me trahissez pas, ne me perdez pas, dit Réjane.

— Vous trahir, vous perdre, Réjane ! Je viens au contraire pour vous sauver... de vous-même peut-être, pauvre enfant..

— Alors, laissez-moi rejoindre au plus vite ma sœur qui souffre et qui m'appelle.

— Votre sœur ? C'est sur elle que je venais veiller : mais, Réjane, vous ne m'avez pas dit avec qui vous étiez dans ce kiosque tout à l'heure...

— Dans ce kiosque, j'étais... seule...

— Ne cherchez pas à me tromper... ce serait inutile... Votre voix dément ce que dit votre bouche... Je le sais, un homme vient ici chaque soir... un homme avec qui vous étiez enfermée... Réjane, quel est cet homme ?

— Je ne puis le dire...

— Vous ne pouvez me le dire, à moi, dont vous connaissez le dévouement à votre famille, à moi qui donnerais mon sang pour vous et pour votre sœur... Réjane, ce secret est donc bien coupable, puisque vous ne pouvez le faire connaître ?

La jeune fille baissa la tête sans répondre.

— Écoutez, reprit Tony, sur mon salut éternel, je ne révélerai pas ce nom que vous allez me confier ; mais il faut absolument, il faut que je le connaisse.

Nouveau silence.

— Si vous ne voulez pas, si vous ne pouvez pas me le dire, venez le faire connaître au moins à un homme à qui vous devez n'avoir rien à cacher. Le baron de Chartille est là ; je vais vous conduire auprès de lui...

— Ah ! à lui moins qu'à tout autre, s'écria Réjane défaillante. Monsieur, je vous en supplie, ne lui dites rien, au nom de Dieu !...

— Eh bien, le nom de cet homme ?

— Je ne puis le dire...

— Je vais donc aller le lui demander à lui, s'écria Tony ; car il est resté là à vous attendre sans doute. Il aura, comme tout à l'heure, fermé la porte ; mais je saurai bien la lui faire ouvrir !...

Et sans écouter les supplications de Réjane, demi folle de douleur et de frayeur, Tony s'élança vers le kiosque et en repoussa violemment la porte.

Le kiosque était vide.

Presque en même temps que Réjane, Maurevailles était sorti et, pendant que Tony courait après la jeune fille, le chevalier avait gagné la petite porte du jardin. Il l'ouvrit rapidement, la referma sur lui... et se trouva en face de... Marc de Lacy.

— Ah ! tu ne m'attendais pas, lui dit Marc en jouissant de son effarement.

— Que viens-tu faire ici ? demanda Maurevailles.

— Savoir quelles menées tu me caches avec tant de soin depuis quelque temps, et que je vais enfin connaître.

— De quel droit ? Notre pacte ne te lie-t-il pas à moi et n'ai-je pas de par le sort toute liberté d'employer pour arriver à la marquise les moyens qui me semblent bons ?

— C'est vrai, mais ces moyens, moi, je veux les connaître.

— Et moi, je me refuse à te les apprendre. J'ai le droit de requérir ton aide, j'ai celui de m'en passer.

— Tu médites quelque infamie...

— Que t'importe ?

— Il m'importe si bien, que je veux t'en empêcher.

— Ah ! tu veux, toi aussi, te parjurer ?...

— Je ne veux pas m'associer à une lâcheté !...

— C'est un mot qui, sans notre amitié et notre serment, t'aurait déjà coûté cher, dit Maurevailles avec ironie.

— Notre amitié, je la brise ; quant à notre serment, il ne m'ôte pas le droit de te passer mon épée au travers du corps !... s'écria Lacy furieux.

— Ah ! nous en sommes là ?

— Oui, parle ou mets-toi en garde. Il faut en finir.

Mais Maurevailles, tout en parlant, était resté appuyé contre la petite porte, et passant la main derrière le dos, il avait mis la clef dans la serrure. Il la tourna tout doucement ; la porte s'ouvrit et il s'engouffra tout à coup dans le jardin.

Lacy voulut le suivre ; il se buta contre la porte refermée violemment sur lui.

Un instant il eut l'idée d'enfoncer cette porte, mais elle semblait solide, et il réfléchit que le bruit qu'il ferait pourrait attirer les gens de l'hôtel, qui, infailliblement, lui supposeraient de mauvaises intentions.

Furieux néanmoins, et ne voulant pas se laisser jouer par Maurevailles, il chercha, comme autrefois Tony, un point de la muraille qu'on pût facilement escalader.

Le vieil arbre était toujours là, offrant sa branche ; Lacy la saisit et sauta dans le jardin. Puis, il s'élança à la poursuite de son ancien ami.

Celui-ci, stupéfait de le voir reparaître, voulut lever l'épée contre lui. Mais Lacy, qui avait détaché son manteau, le jeta comme un filet sur le chevalier et l'en enveloppa.

Maurevailles, abasourdi, essaya vainement de se débattre ; les plis du manteau l'enserraient et paralysaient ses mouvements.

Profitant du moment, Lacy l'enleva comme un

paquet et, malgré ses efforts, l'emporta jusqu'au vieux kiosque.

Là, il lâcha les deux bouts du manteau. Maurevailles roula à terre tout meurtri.

Refermant alors la porte du kiosque sur le chevalier réduit à l'impuissance, Lacy se dirigea vers la petite porte du jardin, afin de l'entre-bâiller pour se ménager une issue en cas de surprise...

Mais au moment où il y arrivait, deux hommes apparurent sur la crête du mur.

Lacy n'eut que le temps de se jeter de côté pour se cacher derrière un arbre.

Les deux hommes sautèrent dans le jardin, et derrière eux, sur le mur, en surgirent deux autres.

En même temps, du côté de l'hôtel, Lacy vit briller des torches et aperçut un groupe de gens armés, au milieu desquels dominait la haute stature du baron de Chartille...

C'était le nain, toujours le nain, qui, de son poste d'observation, avait vu la querelle de Lacy et de Maurevailles.

Il s'était empressé d'avertir les exempts et l'un d'eux avait couru chercher les gardes françaises aux *Armes de Bretagne*, tandis que l'autre allait prévenir le baron de Chartille à l'hôtel.

Bref, Tony et La Rose venaient de sauter dans le jardin.

Le Normand et Pivoine gardaient la muraille, prêts à leur prêter main-forte au besoin.

A l'extérieur, Goliath et les exempts surveillaient la petite porte et tout le quai.

Enfin, le baron de Chartille arrivait à la tête des gens de l'hôtel pour organiser une battue.

Lacy ne pouvait échapper.

. . . .

Et à l'instant même où la poursuite allait commencer, la marquise de Vilers mettait au monde un fils...

XXVII

RÉUNIS DANS LA MORT

Réjane, s'enfuyant tout émue, était arrivée à l'hôtel juste au moment où l'enfant de Vilers naissait à la vie.

Effrayée de la poursuite dont elle venait d'être l'objet, terrifiée de la rencontre de Lacy qu'elle croyait son mortel ennemi et dont la présence dans le jardin, à pareille heure, justifiait les accusations de Maurevailles, elle ne songeait qu'à s'emparer de cet enfant pour le mettre en sûreté.

N'attendant pas la nourrice qui devait l'accompagner, elle profita du moment où tout le monde s'empressait autour d'Haydée ; elle saisit le nouveau-né et s'enfuit avec lui.

Dans le jardin, le baron de Chartille, Tony et les gardes-françaises marchaient, l'épée nue d'une main, une torche flamboyante de l'autre. Réjane s'occupa surtout de les éviter, et, chargée de son précieux fardeau, elle put, en suivant les murs tout autour du parc, arriver sans encombre à la petite porte.

Ah, le cœur lui battait bien fort. Si Maurevailles n'avait pas eu le temps de se sauver ? Si l'enfant au salut duquel elle se dévouait allait tomber entre les mains de son mortel ennemi ?

Cependant il fallait se presser ; les lueurs des torches se rapprochaient. Dans quelques minutes, le baron et ses amis allaient arriver près d'elle.

Elle se hasarda à frapper doucement à la petite porte.

Cette porte s'ouvrit à demi.

— Êtes-vous là ? murmura faiblement Réjane.

— J'y suis, répondit une voix.

En même temps, sur le seuil, un homme apparut, enveloppé d'un manteau rouge.

Réjane ne douta pas que ce ne fût Maurevailles ; lui seul avait la clef de cette porte.

Elle donna l'enfant et voulut s'enfuir, en rasant les maisons, comme elle était venue.

Mais, à peine la porte fut-elle refermée, qu'un bruit la fit tressaillir.

De l'autre côté de la petite porte, elle entendit le bruit des pas de plusieurs hommes, un cri étouffé, puis un cliquetis d'épées.

Haletante, Réjane se colla contre la porte. Un homme était là, acculé dans l'embrasure, se défendant contre plusieurs autres.

Maurevailles avait donc été attaqué au dehors !

Mais la lutte ne dura pas longtemps. Bientôt elle entendit plusieurs voix s'écrier :

— Nous le tenons.

— Ce n'a pas été sans peine...

— Ne lui faites pas de mal, mais ne le laissez pas échapper cette fois ! dit une voix grêle.

Il n'y avait pas à en douter. Maurevailles ne pouvant se défendre à son aise, paralysé par l'enfant qu'il tenait dans ses bras et qu'il était obligé de protéger de son corps, avait été arrêté par les gens du dehors, probablement par des sbires de Lacy...

L'enfant était tombé entre les mains d'un traître !

Éperdue à cette pensée, Réjane s'enfuit comme une folle à travers le jardin et courut se réfugier dans sa chambre au second étage de l'hôtel.

Mais, comme elle venait d'y arriver pantelante, folle de désespoir, dans tout l'hôtel de Vilers un cri de désolation retentit :

— L'enfant a disparu, l'enfant a été enlevé !...

— Mort de ma vie ! dit le vieux baron, ce bandit a accompli son crime ! Il est dans le jardin. Il nous le faut mort ou vif !

Et la battue recommença plus ardente encore, sous les yeux de Réjane à demi tuée.

Cependant elle se disait que si la malédiction de Dieu avait voulu que l'enfant fût pris par les hommes de Lacy, au moins Maurevailles était sauf. Elle avait entendu quelqu'un, qui devait être un chef, donner l'ordre de l'épargner, de ne pas lui faire de mal...

— Maurevailles vivant, disait-elle, Maurevailles, connaissant les projets de Lacy, déjouera ses menées et protégera ma sœur...

Mais tout à coup, dans le jardin, des cris de triomphe la terrifièrent.

— Par ici! par ici! criait Tony, nous le tenons.

— Ne le laissez pas échapper cette fois, répondait le baron. Il faut en finir avec le tourmenteur de femmes.

A la lueur des torches flamboyantes, Réjane vit au loin l'homme au manteau rouge serré de près par les gardes-françaises, tandis que Tony et le baron se préparaient à lui couper la retraite.

— Ah! se dit la pauvre Réjane. C'est Maurevailles qui a pu échapper à ses ennemis, et qui accourait nous prévenir de la perte de l'enfant! Il va être victime de son dévouement.

Elle eut un mouvement pour courir se jeter entre lui et ses bourreaux. Elle voulait embrasser les genoux du baron, lui avouer tout, justifier son faux amant, proclamer qu'il était le plus noble des hommes...

Mais l'homme au manteau rouge avait fait un effort désespéré. Passant entre Tony et le baron, non sans laisser à leurs épées des lambeaux de sa chair, il s'enfuit du côté de l'hôtel.

— Ah! Dieu est juste, il s'échappe. Il va se réfugier ici! dit Réjane.

— Mort Dieu ! je ne suis plus bon à rien ! hurla le vieux baron avec colère. Allons, Tony, vous qui êtes jeune, des jambes, morbleu ! des jambes !

La poursuite recommença de plus belle.

Ce n'était pas Maurevailles que le baron et les gardes-françaises traquaient ainsi.

C'était Marc de Lacy.

On se rappelle que Marc, après avoir porté Maurevailles dans le kiosque, avait cherché à se sauver et avait été obligé, par l'arrivée des exempts, à se cacher. Les gardes l'avaient débusqué près du kiosque.

Il avait pu leur échapper au premier moment. Mais ils le serraient de près et, la nouvelle de l'enlèvement de l'enfant les rendant plus furieux encore, ils étaient décidés à l'avoir à tout prix.

Lacy s'enfuyant au hasard, à travers les allées, arriva bientôt jusqu'auprès de l'hôtel, presque sous la fenêtre où se tenait Réjane.

Là, sa retraite lui était coupée une seconde fois.

— Misérable ! s'écria Tony en arrivant le premier sur lui. Où est l'enfant ?

— L'enfant ? dit Lacy surpris, car il était certain que Maurevailles, enfermé par lui dans le vieux kiosque, n'avait pu accomplir le rapt.

— Oui, l'enfant de Vilers, que tu viens d'enlever. Rends-le, si tu tiens à la vie.

— Sur mon salut éternel, je vous jure que je ne l'ai pas !

— Allons donc ! dit le baron de Chartille qui arrivait à son tour. Pas de subterfuges, monsieur, vous vous êtes déjà joué de moi au camp devant Namur ; mais je vous ai montré qu'on ne se moquait pas de moi impunément. Répondez catégoriquement : Qu'avez-vous fait de cet enfant ?

Lacy était entouré complètement. La Rose, le Normand et Pivoine se tenaient devant lui, menaçants. Le baron et Tony continuaient leurs questions.

— Encore une fois, reprit M. de Chartille avec un calme glacial, qui contrastait avec sa fougue de l'instant précédent, je vous somme de répondre. Songez que vous vous êtes introduit ici la nuit, en escaladant les murs, comme un assassin ou un voleur, et que nous pouvons, comme tel, vous tuer sans crainte et sans pitié...

— Mais je ne sais rien ! s'écria Lacy avec désespoir, je vous le jure. J'étais venu, au contraire, pour empêcher ce rapt abominable...

— Toi ! s'écria Tony emporté par la colère. Toi, tu serais venu pour nous protéger. Mais, imposteur, infâme, tu oublies donc tout ton passé ? Tu ne te souviens donc ni du serment que tu avais fait de tuer M. de Vilers, ni de ton odieuse tentative dans ce même jardin, où, pour la première fois, nous nous trouvâmes face à face ! Tu ne te rappelles pas qu'à Blérancourt, dans les souterrains, nous nous sommes rencontrés de nouveau, toi pour enlever la marquise, moi pour la défendre !... Tu ne songes pas que si la marquise n'a pas auprès d'elle un époux pour la protéger, c'est à toi qu'elle le doit. Tu as tout oublié, tout! jusqu'à ta dernière attaque dans l'hôtel où les exempts du lieutenant de police t'ont surpris comme un vulgaire bandit ! Et quand aujourd'hui encore nous te surprenons presque en flagrant délit, à deux pas de cette chambre où une mère pleure son fils volé, quoi! tu aurais l'audace de nier, assassin, bourreau d'enfants et de femmes sans défense ?

— Taisez-vous, Tony, dit le baron, toujours avec le même calme solennel ; ne vous laissez pas emporter par la colère... Des juges, car nous sommes ici des juges, ne doivent pas insulter l'accusé, quelque coupable qu'il puisse être.

— Sur la mémoire de ma mère, sur mon salut éternel, prononça Lacy d'une voix ferme, je suis innocent du crime que vous m'imputez.

— Tu mens encore, dit Tony, on t'a vu venir ici chaque soir depuis huit jours.

— Moi ?

— Vous, monsieur, dit le baron, en faisant signe à Tony de le laisser parler. Et voulez-vous que nous vous disions ce que vous êtes venu faire? Parler d'amour à une pauvre enfant qui en aimait un autre... la tromper, la séduire pour arriver à votre but : le rapt de ce soir !

Lacy ouvrait la bouche pour répondre. Sa justification était facile. Maurevailles était encore là, dans le kiosque...

Mais livrer Maurevailles, c'était tuer Réjane, Réjane que lui, Marc de Lacy, aimait de plus en plus, d'un amour sans espoir, d'un amour fatal. Il se dit que sa vie était désormais sans but et que mieux valait mourir tout de suite... Il allait parler, il se tut.

— D'ailleurs, reprit M. de Chartille, apprenez ceci : quelle que soit la personne à qui vous ayez remis l'enfant que vous avez volé, elle n'en pourra faire un otage dont la vie réponde de la vôtre... Les abords de l'hôtel sont gardés et depuis longtemps cet enfant doit être repris par les exempts...

Lacy continua à garder le silence.

— Et maintenant, s'écria Tony en se mettant en garde, c'est assez de discours. Marc de Lacy, défends-toi, si tu as encore le cœur de tenir une épée !...

— Encore une fois, vous avez tort, dit le baron qui écarta Tony de la main. Cet homme, qui n'a même pas le triste courage d'avouer son crime, ne mérite pas de recevoir la mort d'une loyale épée. Je vous ai dit que nous étions ici un tribunal. Ce n'est pas pour rien que j'ai amené avec moi ces braves soldats dont l'honneur doit couvrir le nom. Sergent Pivoine, caporal La Rose, et vous, le Normand, je vous fais les juges de cet homme. J'ai présenté l'accusation ; j'ai donné à l'accusé la possibilité de se défendre... A vous de prononcer l'arrêt !

Les trois soldats se regardèrent indécis. C'était une lourde responsabilité qu'ils allaient assumer là sur leurs têtes.

Lacy, à tout prendre, était un officier. Il est vrai qu'en ce moment on était sur un terrain neutre où il n'y avait plus ni officiers ni soldats.

— Allons, assassinez-moi donc tout de suite et sans phrases, dit Lacy avec une colère mal dissimulée. Aussi bien j'en ai assez de la vie. Cette parodie de jugement est inutile.

— Ce n'est point une parodie, mais un jugement véritable. Préféreriez-vous donc être livré au lieutenant de police, qui vous ferait arracher vos épaulettes par le bourreau et vous enverrait ramer sur les galères royales ? Non, vous êtes soldat, je veux vous donner cette dernière faveur d'être jugé par des soldats. Juges, à quoi condamnez-vous cet homme ?

— A mort, dit Pivoine dont le front s'était rembruni.

— A mort, dit également La Rose.

— A mort, répéta le Normand.

— La sentence est prononcée, monsieur, articula lentement le baron de Chartille. Il ne nous reste plus qu'à vous dire de recommander votre âme à Dieu. Avez-vous quelque dernière démarche, quelque commission suprême à faire remplir ? Je vous jure qu'elle sera loyalement et fidèlement accomplie.

Lacy ne répondit pas.

— Allons, il faut en finir, le temps presse. A genoux, et faites votre prière.

— Eh bien, non, s'écria Lacy en redressant la tête. Non, je ne m'agenouillerai pas. Non, je ne mourrai pas ainsi, la honte au front... Si, dans le passé, j'ai eu bien des reproches à me faire, aujourd'hui la punition serait injuste, car je venais pour sauver la marquise. Tuez-moi si vous voulez ; je ne puis plus être heureux ! Mais que mon sang retombe sur vous, car je n'ai pas mérité cette mort !

Réjane, de sa fenêtre, examinait depuis le commencement cette scène, cherchant à entendre ce qui se disait. Pour la première fois la voix de Lacy monta jusqu'à elle.

Lacy parlait comme eût parlé Maurevailles à sa place : « Je venais pour sauver la marquise, » disait-il. C'était ce que Maurevailles lui avait dit quelques instants auparavant.

Ce dernier mot la convainquit davantage encore.

— Infâme ! dit Tony, et Réjane ?

— Réjane, ah ! ne me parlez pas d'elle, s'écria Lacy avec une sombre douleur. Vous m'accusez de l'avoir séduite, je l'aime de toutes les forces de mon âme, mais jamais je ne lui ai même avoué cet amour...

— Ah ! c'est trop de mensonges ! fit Tony en faisant un signe aux gardes.

Les gardes abaissèrent rapidement leurs armes.

Trois coups de feu partirent. Lacy étendit les bras, tournoya sur lui-même et vint rouler sur les cailloux.

Mais aux détonations répondit un cri terrible, et une femme tomba du second étage, broyée aux pieds du baron.

Il se pencha et s'écria avec terreur :

— Réjane !

C'était Réjane, en effet, qui redevenue folle, folle de désespoir en voyant tuer celui qu'elle prenait pour Maurevailles, s'était précipitée par la fenêtre pour mourir avec lui, et était tombée près de lui, mêlant son sang au sien.

Ainsi la mort réunissait à Lacy celle que vainement il avait tant aimée dans la vie...

XXVII

L'HÉRITAGE

Tony, le baron, et les autres témoins de cette catastrophe étaient d'abord restés atterrés, puis s'étaient hâtés de porter secours à Réjane, mais tous leurs soins furent inutiles. La pauvre jeune fille était morte et bien morte.

— Quel épouvantable accident ! dit Tony.

Le vieux baron, tout ému, réfléchissait.

— Un accident ?... non, répondit-il. Dites plutôt une mort volontaire, de laquelle nous avons notre part de responsabilité. Nous n'avons pas songé à la présence de cette enfant, quand nous avons choisi cet endroit si rapproché de l'hôtel pour juger et condamner cet homme qu'à son costume elle a dû prendre pour Maurevailles qu'elle aime... Eh ! mais, j'y songe ! mon Dieu ! quelle idée terrible !... Si nous nous étions trompés ?... Si Lacy avait dit vrai !...

— Que voulez-vous dire ? demanda Tony inquiet de ces exclamations.

— Que c'est Maurevailles qui venait ici depuis huit jours ; que c'est lui que vous avez entendu parler d'amour à cette pauvre enfant dont le cadavre est là devant nous, et que, tandis que nous poursuivions Lacy, qui, peut-être, était réellement venu dans une bonne intention, le véritable séducteur nous échappait encore !...

— Oh ! c'est impossible !

— C'est la vérité, je le sens maintenant. Mon Dieu ! qu'avons-nous fait, ou plutôt qu'ai-je fait ? Car c'est moi qui seul ai tout conduit ! Que la responsabilité de ce malheur retombe sur ma tête ! Fatale promptitude ! Pourvu que, pour combler la mesure, le bruit des coups de feu n'ait pas épouvanté la marquise, déjà si éprouvée ! Tony, courez. Que Joseph arrange au plus vite une fable et cache soigneusement, surtout à la malade, la mort de sa jeune sœur. Puis, enlevez le cadavre de la pauvre Réjane... Quant à celui-ci, les valets s'en occuperont.

Et, pour nous, continuons notre chasse. C'est le plus coupable de tous que nous allions laisser échapper. Et maintenant surtout, ajouta le vieillard avec un éclair dans les yeux, j'ai un terrible compte à régler avec lui.

Les recherches recommencèrent minutieuses à travers les buissons. Le baron avait deviné juste. Pendant qu'on poursuivait Lacy, Maurevailles, certain qu'on ne s'occupait pas de lui, avait brisé la porte du kiosque et était sorti dans le jardin.

En arrivant au vieux kiosque, on retrouva ses traces; la porte était arrachée et un lambeau de drap écarlate resté accroché à la rampe de l'escalier rustique.

C'était bien un Homme Rouge qui avait passé par là.

Or, Lavenay reposait dans sa tombe en Hollande, Lacy gisait à l'autre bout du jardin. C'était donc Maurevailles.

On l'aperçut d'ailleurs tout à coup sortant de la pénombre à deux cents pas plus loin.

Tout le monde courut vers lui ; mais il avait disparu. Ah! Maurevailles connaissait bien les détours du parc. Il glissait comme une couleuvre entre les massifs sombres, n'apparaissant qu'à de rares intervalles, lorsqu'il lui fallait traverser des clairières ou des allées.

Vingt fois le baron et ses hommes le serrèrent de près et crurent le tenir ; vingt fois, il disparut comme un démon au moment où ils étendaient les mains pour le prendre.

Si l'on eût osé tirer, le fugitif n'eût pas pu aller bien loin. Ne fût-ce qu'au jugé, les gardes l'auraient eu vite atteint. Mais la catastrophe récente avait rendu le baron prudent. Il ne voulait pas que de nouvelles détonations vinssent porter à la marquise de Vilers un coup peut-être mortel.

Aussi, vigoureux chasseur, devançait-il tout le

monde, sondant les buissons un à un, jurant de ne pas laisser un pouce de terrain sans le fouiller afin de retrouver le Maurevailles.

Il venait de l'entrevoir, glissant le long d'une allée. Il y courut. En arrivant, il interrogeait l'espace du regard, quand tout à coup les gardes qui arrivaient le virent chanceler en poussant un cri de douleur.

Une épée lui avait troué le corps de part en part.

— Vous n'avez pas voulu vous battre avec moi, baron, dit une voix railleuse que les gardes reconnurent pour celle de Maurevailles, eh bien, je vous donne la mort des lâches... la mort par derrière.

Fous de colère, les braves gens oublièrent l'ordre qui leur avait été donné, et tirèrent vers l'endroit d'où était partie la voix.

Mais les balles allèrent s'aplatir sur un gros arbre qui faisait le centre du massif, et un ricanement sardonique répondit à la décharge.

Cette fois, le bandit s'échappait.

Aux coups de feu, pressentant un nouveau malheur, Tony accourait, après avoir confié le corps de Réjane aux femmes de la marquise.

Il revenait prendre part à la lutte, venger Réjane, s'il en était encore temps.

Hélas ! il arriva juste pour recevoir les dernières volontés du baron.

En le voyant, M. de Chartille se souleva péniblement.

— Tony, dit-il, je vais mourir... Puisse ma mort suffire à expier celle que j'ai causée sans le vouloir tout à l'heure ! Je ne regrette point la vie... j'ai assez vécu... Mais je regrette de ne pouvoir venger Réjane et punir le véritable auteur de sa mort... Cette mission, Tony, je te la confie, et pour cela... donne-moi mes tablettes, qui sont là... dans ma poche... Merci... Apportez une torche, je n'y vois plus... Soutenez-moi un peu...

Et, avec le stoïcisme dont il avait presque toujours fait preuve, le baron se mit à lire tout haut, en écrivant :

— « Je lègue à Tony, lieutenant aux gardes-françaises, toute ma fortune, pour en faire l'usage qu'il sait, ayant reçu mes volontés à ce sujet.

» Paris, ce 15 décembre 1746.

» ANTOINE, BARON DE CHARTILLE. »

— Et maintenant, dit-il, en tendant le papier à Tony, tu penseras aux braves amis... qui nous ont servis... là-bas ; à tous... n'est-ce pas ?... Tu n'oublieras pas le petit Goliath... Je lui ai promis... sa fortune...

En disant cela, le baron essaya de sourire, mais l'effort était au-dessus de ses forces, et ce fut avec une contraction nerveuse de la face qu'il râla :

— A boire... j'étouffe...

On s'empressa d'aller lui chercher un cordial.

Un des laquais avait couru avertir un médecin. Mais avant son arrivée, le baron s'affaiblit de plus en plus, le docteur arriva, il secoua tristement la tête.

Le moribond surprit ce geste.

— C'est fini ?... murmura-t-il... oui... adieu ! La Rose, Pivoine, le Normand, n'oubliez pas !... ni toi, Tony... la vengeance... la vengeance...

Un flot de sang lui vint à la bouche.

Le baron de Chartille était mort...

XXVIII

RÊVE OU RÉALITÉ ?

Voyons maintenant ce qui se passait au dehors.

Quel était donc l'homme au manteau rouge, à qui la pauvre Réjane avait remis l'enfant, et qui, aussitôt après, avait été arrêté par Goliath et sa troupe ?

En voyant tomber entre ses mains l'inconnu qu'il surveillait depuis si longtemps, le nain s'était trouvé pris d'une joie immodérée.

La capture de l'enfant, sauvé, croyait-il, d'un grand danger, avait encore augmenté son contentement.

— Il n'y a que moi, il n'y a que moi, répétait-il en se frottant les mains. Je trouve tout, je sauve tout ! Les autres ne me viennent pas à la cheville !

Pendant ce temps, l'Homme Rouge, solidement

tenu par deux exempts, était conduit aux *Armes de Bretagne,* qui étaient devenues le quartier général.

Pour être plus libre, on avait *(de par le roi,* s'il vous plaît !) prié l'hôte d'aller se reposer et on avait laissé le soin du service à un jeune garçon à mine niaise et à cheveux rouges, qui répondait au nom harmonieux de Barrabas.

Barrabas, déjà fort ébahi du spectacle, tout nouveau pour lui, auquel il assistait, laissa tomber à terre le broc de vin qu'il tenait à la main, en voyant arriver un homme à manteau rouge ayant toute la mine d'un seigneur et conduit par deux exempts, derrière lesquels un troisième estafier portait avec toute la délicatesse possible un enfant nouveau-né.

— Seigneur Dieu ! murmura le pauvre garçon, qu'est-ce que cela veut dire ?

— Barrabas, tiens ta langue et ne gaspille pas le vin de ton patron ! s'écria le nain avec arrogance. Allons, mon garçon, ouvre-nous la grande salle et tourne les talons !

Barrabas obéit ; on entra dans la grande salle.

L'homme au manteau rouge regarda autour de lui d'un air méfiant.

— Pourquoi me conduisez-vous ici ? demanda-t-il aux exempts qui le tenaient.

— Ce sont nos ordres.

— Eh bien, moi, dit l'homme avec hauteur, je

vous donne celui de me conduire tout de suite à votre chef.

Ils haussèrent les épaules en gens habitués à pareilles choses et ne répondirent pas.

L'homme au manteau rouge frappa du pied avec impatience.

A ce bruit, l'enfant poussa un vagissement plaintif. Le prisonnier tressaillit et jeta un regard plein d'amour vers la faible créature que l'homme de police berçait dans ses bras avec une tendre gaucherie.

— Vous êtes père, monsieur ? demanda-t-il avec douleur.

— Oui, dit l'exempt avec un sourire.

— Alors, au nom de vos enfants, je vous conjure d'avoir bien soin de celui-ci. Voulez-vous me permettre de l'embrasser ?

Il avait la voix tremblante en demandant cela. Le policier, ému, interrogea Goliath du regard. Celui-ci secoua la tête.

— Il veut l'étrangler, peut-être, se dit-il.

L'homme au manteau rouge n'insista pas, mais son regard, plein d'une tendresse inquiète, se porta de nouveau vers l'enfant.

Goliath surprit ce regard.

— Il n'a pourtant pas la figure d'un mangeur d'enfants, celui-là !... se dit-il en se grattant la tête. Qui diable peut-il être ? Je connaissais Lavenay, je connais Lacy, je connais Maurevailles... Auraient-ils fait une nouvelle recrue ?...

L'enfant pleura de nouveau. L'Homme Rouge eut un mouvement instinctif pour s'élancer vers lui. Les deux exempts qui le gardaient laissèrent retomber leurs mains sur ses épaules.

— Oh ! il est inutile de me si bien garder, dit-il avec un sourire triste, je ne songe pas à m'enfuir. Seulement, je regrette le temps qu'on perd en ce moment.

— Chacun a ses petites affaires, dit Goliath avec un sérieux qui contrastait avec son visage, et je crois qu'il s'en fait de grosses ce soir...

L'Homme Rouge le regarda avec surprise et retomba dans son impassibilité.

Le nain se remit à songer.

— En tout cas, se disait-il, celui-là n'a pas été recruté dans les gardes-françaises. J'y connais tout le monde et je n'ai jamais vu sa figure.

Mais pourquoi a-t-il un manteau rouge? Il n'y avait en dehors des trois que je connais que...

Barrabas ! s'interrompit-il en frappant tout à coup du poing sur la table, Barrabas, larron, suppôt d'enfer ! un broc de ton meilleur vin !

— Barrabas, de plus en plus étourdi, s'empressa d'obéir.

— Il faut boire, marmottait le nain en vidant son verre. C'est comme cela que je trouve tout, moi, et il faut que je trouve qui est cet homme !... Ah ! der Teufel ! c'est cela qui serait drôle si, cette fois, j'avais mis la main sur la trouvaille des trouvailles ! Eh ! parbleu oui ! L'air mystérieux... cette tendresse... le manteau... Barrabas ! deux brocs, trois brocs, dix brocs, mon fils !... et dépêchons-nous, nous sommes ici en noble compagnie !.... Me ferez-vous l'honneur de boire avec moi, monsieur le marquis ?

En disant cela, Goliath regardait fixement l'homme au manteau rouge. Celui-ci tressaillit.

— Est-ce à moi, dit-il, que ?... Tu me connais donc ?

— Eh ! eh ! cela dépend... Il y a marquis et marquis. Je vais vous dire, moi, je suis franc. Il y a des marquis que je déteste ; il y en a que j'aime bien, comme par exemple celui dont l'hôtel est là, tout près de nous, et où il y a même une pauvre marquise qui s'ennuie bien sur son lit d'accouchée...

— Que tu dises vrai ou que tu mentes, peu m'importe ! je n'ai plus rien à cacher à l'heure qu'il est. Je suis le marquis de Vilers !

Comment cela se fit, nous ne saurions le dire : mais au-dessus des brocs passa, comme s'il eût été lancé par un invisible tremplin, l'irrespectueux Goliath, qui vint tomber, les jambes et bras ouverts, contre la poitrine du marquis, qu'il embrassa dix fois avant que celui-ci eût pu s'en défendre.

A la fin, Goliath tomba à terre aussi vite qu'il avait sauté au cou du marquis.

— Vive la joie ! s'écria-t-il, j'ai trouvé, j'ai trouvé... Décidément j'ai tout trouvé...

Et s'adressant aux exempts :

— Allons, camarades, la besogne est faite. Venez avec moi. Vous, monsieur le marquis, excusez ma joie impertinente ; mais quand vous saurez qui je suis... On vous parlera de moi, allez !... Monsieur le marquis, reprenez votre cher enfant, que ce grand dadais-là porte cependant comme une mère nourrice. Venez à l'hôtel. On nous attend... A l'hôtel !

Il gambadait en disant cela. Le marquis étonné, mais voyant bien, à la joie du petit homme, qu'il avait affaire à un ami, prit l'enfant dans ses bras, l'abrita sous son manteau et se mit en marche avec les exempts.

Mais, à l'hôtel, un triste spectacle les attendait.

La mort de Réjane venait d'y causer une douloureuse stupéfaction. Les domestiques étaient terrifiés par tout ce qui venait de se passer. Ce fut à peine si, malgré la présence de Goliath, on fit attention aux nouveaux arrivants. Mais le nain avait la conscience de l'importance de sa découverte.

— Où est en ce moment le baron de Chartille ? demanda-t-il en élevant la voix.

Les valets se regardèrent avec embarras.

— Ah çà ! est-ce que vous ne m'entendez pas, ou bien êtes-vous muets ? s'écria Goliath.

— Le baron ?... dit avec hésitation un des valets... le baron ?... Il est mort !...

— Mort, mon maître ! s'écria le nain.

— Mort, Chartille! répéta Vilers.

— Miséricorde! monsieur le marquis qui reparaît!... dit une des suivantes en reconnaissant Vilers.

— Mais, comment est-il mort?... Voyons, parlez! parlez! dit le marquis avec impatience.

— Assassiné, dans les jardins!...

— Oh! courons, courons!

L'arrivée du marquis avait porté le comble au désarroi de l'hôtel. L'enfant enlevé, le prétendu ravisseur exécuté dans le jardin, après une chasse folle, Réjane mourant près de lui, le baron de Chartille assassiné, enfin le marquis de Vilers reparaissant avec l'enfant : tout cela faisait perdre la tête aux braves gens, qui se croyaient le jouet d'un cauchemar.

La nouvelle du retour du marquis se répandit rapidement. Le vieux Joseph arriva, pâle d'émotion.

— Ah! mon bon maître, quelle joie après tant de chagrins!... Cette pauvre mademoiselle, ce pauvre monsieur le baron!... Mon Dieu! mon Dieu!... Il faut bien que vous reveniez pour nous empêcher de mourir de désespoir... Venez, venez vite... Ah! que madame va être heureuse!...

Mais, avant d'être époux, Vilers se montra ami fidèle.

— Conduis-moi d'abord, dit-il, auprès du cadavre du baron.

Joseph obéit et le marquis se rendit auprès du

corps inanimé de celui qui, en son absence, avait été le vaillant défenseur de sa famille.

Il plia le genou et déposa un baiser sur le front pâle du mort. Puis il se releva.

Si pénible qu'eût été la mort du baron et celle de Réjane, le retour du marquis bien portant et ramenant l'enfant, dont on avait voulu se faire une arme contre sa femme, avait amoindri cette double douleur. La figure grimaçante de notre ami Goliath pouvait seule se prêter à la reproduction des pensées qui se partageaient son cerveau. Il pleurait d'un œil et riait de l'autre en disant :

— Ce pauvre baron, qui avait la main si largement ouverte... C'est égal, j'ai trouvé le marquis, moi ! Et cette malheureuse jeune fille, quelle triste fin !... Ah ! si j'avais été là ! Mais je ne pouvais pas être en double, hélas !... Moi, je sauvais l'enfant...

La difficulté, avec tout cela, était de prévenir la marquise du retour de son mari... Si on eût écouté le nain et Joseph, on eût fait entrer carrément le baron ; ils prétendaient que le bonheur ne pouvait pas faire de mal. Mais Vilers et Tony ne l'entendaient pas ainsi. Ils savaient combien la marquise était impressionnable. Il fallait éviter une émotion qui aurait pu la tuer.

Tony se chargea de la tentative.

Recommandant à tout le monde de bien se garder de parler du marquis, il entra — son dévouement, qui avait presque fait de lui le frère d'Haydée, lui en donnait le droit — dans la chambre de l'accouchée.

La marquise fut heureuse de le voir.

— Je venais, madame, lui dit-il, savoir si le bruit qui s'est fait cette nuit autour de l'hôtel ne vous a pas épouvantée.

— Oh ! monsieur Tony, vous ne me croiriez pas si je vous disais que je n'ai rien entendu tant j'ai dormi !...

— Dormi !... est-ce possible ?

— Oui, et j'ai fait un bien beau rêve. Imaginez-vous, mon bon ami, que je rêvais qu'IL était là et pour toujours, cette fois...

Tony tressaillit. Haydée avait-elle donc eu un pressentiment ?

Il saisit l'occasion au vol.

— Oh ! madame, dit-il gaiement, ce n'est pas bien : vous voulez rire de moi...

— Rire de vous ? et comment ?

— En me contant comme un rêve une réalité. Je sais bien que vous avez vu le marquis ; après une si longue absence, il était bien naturel que sa première visite fût pour vous...

— Comment, sa visite ? Serait-il donc vrai ?... Il serait ici ?...

— Puisque vous l'avez vu !...

— En rêve seulement, hélas !

— Ne vous moquez donc pas de moi !

— Tony, je vous jure que c'était un rêve.

— Et moi, je vous jure, madame, que c'était une réalité.

— Oh! mais, ne dites pas cela! Ne me donnez pas une fausse joie... Tony, la désillusion, après, serait trop douloureuse...

— Eh! trompe-t-on une accouchée? Non, madame, je ne vous mens pas. Peut-être, par une étrange erreur de l'imagination, avez-vous pris pour une illusion la plus douce des vérités? Ce serait à donner envie à M. le marquis de retourner où il était...

— Oh! ne dites pas cela.

— Alors, ne niez plus!... Vous deviez pourtant être heureuse?

— Pensez donc! Le revoir, juste au moment où je puis lui montrer mon fils!...

— Qu'il aime bien déjà...

— Il le connaît donc?

— S'il le connaît? Chaque fois que l'enfant pleure, c'est le marquis qui se lève et qui le berce... Comment pouviez-vous dire que c'était en rêve que vous aviez revu votre époux? Il m'a dit lui-même que votre conversation avait duré plus de trois heures...

— C'est vrai... Mon Dieu!... comment me suis-je trompée ainsi, dit la jeune femme tout à fait convaincue. Mais lui, où est-il en ce moment? Dort-il?

— Non, je crois l'entendre dans la chambre voisine... Il promène sans doute son fils...

— Ah ! dites, dites-lui vite de venir m'embrasser encore une fois.

Tony, tout à fait rassuré sur les conséquences de l'entrevue, s'élança pour appeler le marquis. Mais celui-ci, — qui, ayant suivi toute la conversation, de la pièce voisine, avait rapidement enlevé son manteau, ses grosses bottes et son épée, et jeté son chapeau au loin, — arrivait, vêtu comme on l'est chez soi. Surmontant l'émotion qui lui serrait la gorge, il dit avec une gaieté factice :

— Vous embrasser ? Une fois et dix fois, si vous le désirez, madame !

La marquise poussa un cri de joie et lui entoura le cou de ses deux bras.

— Crois-tu, dit-elle en riant, que tout à l'heure encore, j'avais cru que ton retour n'était qu'un rêve ? Mais je ne m'abuserai plus maintenant ! Je suis heureuse, bien heureuse...

— Chère Haydée ! disait Vilers, dont les yeux étaient humides d'émotion et de bonheur.

— Repose-toi, mon ami. Il est tard. Va auprès de notre enfant... de ton fils... car il est à toi. Tu en feras un beau et loyal soldat comme toi... Il aura Tony pour modèle...

— Je ne saurais en effet lui en offrir un meilleur, dit le marquis en tendant la main au jeune homme, tout rouge et tout confus de cet éloge.

— Maintenant, ami, je t'en prie, va te reposer... Moi, je vais reprendre mes beaux rêves.

Vilers et Tony prirent congé de la marquise. Il

n'y avait plus, de ce côté-là, aucune imprudence à redouter.

Mais, au lieu de se reposer, le marquis voulut aller veiller auprès du corps du baron de Chartille, et cela au grand désappointement des gardes-françaises qui avaient espéré savoir comment le marquis, échappé à la mort, était arrivé si justement à temps pour sauver son fils.

XXIX

CHEZ M. DE MARVILLE

Cependant on n'en avait pas fini avec les événements de cette terrible nuit. Il fallait maintenant trouver moyen de raconter d'une façon plausible la mort des trois victimes.

Pour le baron de Chartille et pour Réjane, la fable était toute faite : Profitant de l'embarras que causait dans l'hôtel l'accouchement de la marquise, des voleurs s'y étaient introduits. Le baron avait imprudemment couru seul après eux et avait été assassiné. Réjane, attirée par le bruit, s'était penchée à sa fenêtre, puis, épouvantée, avait perdu l'équilibre et était tombée dans le jardin.

Cela allait donc très bien. Mais Lacy ?

Vilers et Tony se concertèrent et, d'un avis commun, se rendirent de grand matin chez M. de Marville, le lieutenant de police.

Celui-ci savait déjà par ses exempts une grande

partie des événements de la nuit. Il s'attendait donc à cette visite. Après les premiers compliments, Vilers dut lui expliquer sa réapparition.

C'était, du reste, bien facile.

Prévoyant de nouvelles trahisons de la part des Hommes Rouges, Vilers, profitant de ce qu'on le croyait mort, s'était caché pour mieux les surveiller. Il s'était mis à les suivre pas à pas, revêtant cent déguisements pour pouvoir chaque jour les voir sans être reconnu. Tantôt paysan, tantôt soldat, quittant la casaque de mousquetaire pour revêtir la pelisse du hussard, laissant l'habit galonné pour le sarreau de toile, il ne les avait pas abandonnés un seul jour. Il était là quand le baron de Chartille avait tué Lavenay ; il était à deux pas des exempts, sur la route de Vincennes, prêt à intervenir, dans le cas d'une attaque de vive force. Il était là quand Maurevailles et Lacy s'étaient querellés, et c'était grâce à des lambeaux de leur conversation saisis de distance en distance, qu'il avait pu arriver à temps pour jouer ce rôle si providentiel.

— Et maintenant, dit-il à M. de Marville, nous avons de nouveau recours à votre aide qui ne nous a jamais fait défaut pour couvrir d'un éternel secret tous les événements de cette affreuse nuit.

— Ma foi, dit le lieutenant de police en réfléchissant, votre histoire, quant au baron et à mademoiselle Réjane, me semble admirablement trouvée et je ne vois pas pourquoi, au nombre des victimes assassinées par les bandits inconnus, vous ne joindriez pas M. de Lacy, *venu au secours de son ami, le vieux baron.*

— Ce serait à merveille, objecta le marquis, mais Maurevailles ?...

— Croyez-vous donc que ce misérable osera reparaître ?

— Qui sait ? Avec son audace habituelle, il est capable d'avoir été déjà trouver le colonel duc de Biron, qui ne sait rien des événements passés, et de lui avoir raconté à sa façon tout ce qui est arrivé...

— Songez que ce sont des gardes-françaises qui ont tué Lacy, leur officier, et que, quoi que nous puissions faire en leur faveur, il y va pour eux du conseil de guerre...

— S'il osait les accuser, s'écria impétueusement Tony, je lui passerais mon épée au travers du corps !...

— Et vous subiriez également le conseil de guerre, car Maurevailles est capitaine et vous n'êtes que lieutenant. Non, mon cher Tony, ne songeons point aux moyens violents. Nous n'avons plus là pour nous comprendre et nous protéger le bon marquis de Langevin. M. de Biron est féroce en ce qui concerne la hiérarchie et ne vous pardonnerait pas ce duel avec votre supérieur.

— Que faire alors dit Tony avec découragement.

— Attendez donc, fit le lieutenant de police qui frappa sur son timbre.

La bonne figure de M. de La Rivière se montra.

— La Rivière, dit M. de Marville, vous savez de quoi nous nous occupons ?...

L'exempt sourit avec satisfaction et fit un signe affirmatif.

— Eh bien, il faudrait tâcher de savoir où est en ce moment et ce que fait M. de Maurevailles.

La Rivière se mit à rire en se frottant les mains.

— Si monseigneur y tient absolument, dit-il, on fera son possible pour le satisfaire ; mais ce sera dur, car, au train dont il va, M. de Maurevailles ne sera pas facile à rejoindre...

— Que voulez-vous dire ? s'écrièrent à la fois le lieutenant de police, Vilers et Tony.

— Que, vers quatre heures du matin, le chevalier a été vu, à cheval, galopant sur la route d'Allemagne, et qu'il y a tout lieu de croire qu'il quitte la France et qu'on ne le reverra plus car, chez lui, il a fait maison nette avant de s'en aller.

— Tout va parfaitement alors, dit M. de Marville, et j'ai, ma foi, bien envie de charger le fugitif de tous les crimes dont il est, en réalité, la cause... En tout cas, vos soldats n'ont rien à craindre ; Maurevailles ne les accusera pas...

Vilers et Tony remercièrent avec effusion le lieutenant général et se retirèrent pour aller à l'hôtel, où un triste et pieux devoir les reclamait.

Le brave et bon baron de Chartille, en effet, avait fait à Vilers et à Tony, alors qu'il les croyait morts, un trop beau service, pour qu'ils ne lui rendissent pas le même honneur.

Le corps du baron, placé sur un char funèbre, fut traîné par quatre chevaux jusqu'à Saint-Germain où ses ancêtres étaient enterrés.

Le même jour, on enleva de l'hôtel le corps de Réjane, qui fut porté à l'église Saint-Louis.

On s'arrangea de façon à ce qu'aucun bruit des cérémonies ne vînt troubler la marquise dans sa chambre d'accouchée. Aux questions qu'elle fit au sujet de sa sœur, on répondit que Réjane était fort souffrante et ne pouvait descendre de sa chambre. Vilers, d'ailleurs, était là et son absence avait été assez longue et assez douloureuse pour que le bonheur de le revoir fît un peu oublier tout le reste à sa femme.

Ce ne fut que lorsqu'il y eut impossibilité absolue d'empêcher la marquise de monter qu'on dut lui avouer la vérité. Ce fut pour elle une révélation bien douloureuse ; mais toute douleur ne s'éteint-elle pas entre un enfant qui grandit et un mari retrouvé ?...

Tony, qui venait chaque jour à l'hôtel de Vilers, trouva un moyen excellent d'y remplir en partie le vide fait par la mort de Réjane. Il amena à Mme de Vilers celle qui déjà lui avait prodigué ses consolations en une bien grave circonstance, Bavette, la fille de maman Nicolo.

Pendant ce temps-là, Pivoine, le Normand et La Rose, qui d'abord, malgré la protection du marquis de Vilers et de M. de Marville, avaient eu grand'peur que la vérité ne fût connue du duc de Biron et qu'on ne leur fît payer cher, à eux pauvres diables, leur expédition nocturne contre Lacy, complètement rassurés maintenant, passaient gaiement leurs journées, grâce aux libéralités de Tony, qui ne leur ménageait pas l'or que lui avait laissé le pauvre baron.

C'est que Tony était riche, en effet. La Providence, qui n'avait pas donné au marquis de Langevin le temps de laisser sa fortune à son petit-fils, avait réparé cet oubli en inspirant cette pensée au baron de Chartille.

Notre ami Tony possédait bel et bien quatorze beaux millions au soleil, sans compter le château de Saint-Germain. Il ne tenait qu'à lui de devenir un personnage ; il eût pu vivre en grand seigneur, quitter le service, s'anoblir en achetant « une savonnette à vilain » comme on disait alors. Mais il se souciait bien de tout cela ! Non ! Le régiment, c'était sa famille ; il ne voulait d'autre nom, d'autres titres que ceux qu'il avait conquis ; il n'était ni marquis, ni comte, il était « le lieutenant Tony » et cela lui suffisait. Deux choses seulement troublaient sa tranquillité.

D'abord le souvenir de Maurevailles, auquel il avait voué une haine sans borne. Quand ce nom, par hasard, était prononcé à l'hôtel de Vilers, le marquis et Tony mettaient tous deux à la fois la main sur la garde de leur épée.

— Ce misérable, s'écriait Vilers, nous a volé sa mort. Ah ! qu'il revienne, je n'ai plus que lui pour adversaire, et le ciel est de mon côté.

— Non pas, disait Tony, vous n'avez pas le droit de le tuer. Il m'appartient. J'ai à venger la mort du baron de Chartille...

Un autre souvenir aussi tenait au cœur de Tony, mais celui-là, il le gardait pour lui : c'était celui de Bavette.

Il revoyait souvent la jeune fille à l'hôtel de Vilers et son amour se ravivait de plus en plus.

Seulement, depuis la façon dont Tony avait baissé les yeux devant elle en entrant chez maman Nicolo, le jour de sa réapparition, la jeune fille avait un serpent dans le cœur, et de son côté Tony, honteux de ce qu'il avait fait, n'osait plus reprendre les douces causeries d'autrefois.

Il lui fallait cependant ou renoncer à elle — et il n'en avait pas le courage — ou en finir avec cette situation en la demandant en mariage à maman Nicolo. C'est ce qu'il n'hésita pas à faire.

Maman Nicolo bondit de joie, mais l'envoya à l'hôtel de Vilers vers Bavette qui, digne et fière :

— Monsieur Tony, dit-elle, vous savez bien que vous n'avez plus le droit de m'aimer !

Pour tous, ces paroles se rapportaient à la différence de position qu'il y avait entre Tony, officier et riche, et la fille d'une vivandière. Mais notre héros seul en comprit le véritable sens, car il mit la main sur son cœur en murmurant :

— C'est vrai... elle a raison !...

Il venait de penser à la pauvre Toinon, chez qui s'achèvera cette histoire, de même qu'elle y a commencé.

Si depuis longtemps nous ne parlions plus de mame Toinon, c'est qu'on ne la voyait plus guère. La pauvre délaissée se cachait en effet, et elle avait pour cela de bonnes raisons.

Tony, repoussé si dignement par Bavette, se souvint qu'il avait une consolatrice toute naturelle et toute trouvée, une amie qui saurait mettre le meilleur baume sur son cœur.

Il courut rue des Jeux-Neufs.

Nous devons avouer que sa vie ayant été fort remplie dans ces dernières semaines, il y avait longtemps qu'il n'avait fait de visite à son ancienne protectrice. Mais il la savait si bonne qu'il ne doutait pas d'obtenir son pardon, surtout en lui racontant tout.

Il accourut donc vite à la maison où il avait passé son enfance.

Il fut bien surpris, en tournant le coin de la rue, de voir toutes les fenêtres fermées.

Il entra cependant.

XXX

CHEZ MAME TOINON

La première personne qu'aperçut Tony fut la grincheuse Babet, qui le regarda de travers.

— Ah ! vous voilà enfin, vous, le beau seigneur grommela-t-elle. Peste ! depuis que vous êtes dans les grandeurs, vous devenez rare. Morguenne, vous n'étiez pas si fier autrefois...

— C'est bon, c'est bon, ma brave Babet, — dit le jeune homme, habitué aux humeurs farouches de la digne femme, — où est mame Toinon ?

— Mame Toinon, elle vous attend, la pauvre chère âme... Elle vous attend même depuis bien des jours...

Il entra. Quelle ne fut pas sa surprise en voyant mame Toinon assise, brodant de ses mains les rideaux d'un berceau !

Elle se leva à son approche. Il la regarda et comprit.

— Toinon, dit-il timidement, c'est moi ; me pardonnerez-vous ?

— Vous pardonner ? dit la pauvre femme, avec un triste sourire. Qu'ai-je à vous pardonner, Tony ?

— J'ai été longtemps sans venir... mais, lorsque je vous aurai expliqué...

— N'expliquez rien, mon ami. Je ne vous attendais plus... Je vous remercie de venir me prouver que vous ne m'avez pas oubliée...

— Oh ! non, jamais !...

— Toute ma vie je vous bénirai de ce bon mouvement...

— Écoutez... s'écria le jeune officier, écoute, Toinon !... car nous ne nous disions pas *vous,* il y a quelques mois, et je ne sais pourquoi ce ton de froideur s'est mis entre nous. Toinon, ma bonne Toinon, tu vas être mère... mère d'un fils qui m'appartient... Eh bien, je suis riche, immensément riche... Le pauvre baron de Chartille, en mourant, m'a fait son héritier... Marions-nous !...

Mais la jeune femme secoua la tête.

— Jamais, dit-elle doucement, jamais, Tony. Est-ce qu'une pauvre femme comme moi épouse un gentil fils de seigneur comme toi ? Vois comme tout te sourit... Je ne voudrais point enrayer ta carrière... Va, n'aie aucun remords, je ne t'en veux point ; au contraire, je te suis profondément reconnaissante de ce que tu viens de dire là. Je ne te demande qu'une faveur, qu'une grâce, laisse-moi ton enfant...

— Mon enfant?...

— Je l'élèverai noblement, je te le jure... je le ferai digne de toi... mais je veux l'élever, comme je t'ai élevé toi-même, et le garder jusqu'à l'âge où la vie commence... Je te le donnerai alors et je te promets que je m'y prendrai de façon qu'il nous estime et nous aime l'un et l'autre.

Tony hésitait. Le sacrifice de la jeune femme, perdant ainsi sa réputation, lui paraissait si grand qu'il n'osait le lui laisser accomplir. A la fin, vaincu par son air suppliant :

— Puisque tu le veux, dit-il, puisque tu en fais la condition de ton bonheur... soit, garde-le donc, cet enfant ! Mais permets-moi toujours de me rappeler que je suis son père !

Et il se retira, pensif et morne.

— Allons, dit-il, puisque tout le monde le veut, je n'aurai donc plus qu'une maîtresse, qu'un amour : la France !... Jusqu'à ce que Bavette change d'idée... ne put-il s'empêcher de penser en retrouvant un sourire.

Et Goliath ?

Attablé chaque jour, soit à la cantine des gardes-françaises, soit au cabaret de maman Nicolo, pour qui il a toujours conservé un faible, le petit homme, la bourse gonflée, paye à boire, non seulement à ses amis, Pivoine, La Rose et le Normand, mais encore à tous les autres gardes qui veulent bien l'honorer de leur amitié, et nous devons dire qu'ils sont nombreux.

Toutefois, le plus assidu de ses commensaux est sans contredit le sergent Pivoine, qui s'est épris d'une véritable amitié pour le nabot, auquel il a persuadé d'apprendre l'escrime, dans l'espérance que « cela le fera grandir ».

Après chaque séance, ils vident bouteille sur bouteille, et Goliath dit à Pivoine :

— Buvons... Le vin éclaircit les idées. C'est par le vin que j'ai tout trouvé... Si le Maurevailles n'ose pas revenir en France, c'est parce qu'il me connaît trop bien. En buvant toujours, je trouverai un de ces soirs... le moyen de marier au plus tôt notre brave officier avec la fille de maman Nicolo, dont le vin est si bon.

— Amen, répond Pivoine de sa voix étranglée [1].

1. Ce roman avait été interrompu par la mort inopinée de M. Ponson du Terrail. Deux jeunes écrivains d'avenir, MM. Charles Chincholle et Georges Grison, amis de l'auteur, ont été chargés, par sa veuve, de revoir et de terminer cet ouvrage d'après le plan qu'il avait tracé, et ils se sont acquittés de cette tâche délicate avec le soin et le talent que le lecteur a pu constater.

(NOTE DE L'ÉDITEUR.)

FIN

TABLE DES MATIÈRES

PREMIÈRE PARTIE

LE CHATEAU DU MAGNAT (*Suite.*)

DEUXIÈME PARTIE

LE BARON DE C***

Châteauroux. — Typographie et Stéréotypie A. Nuret et Fils.

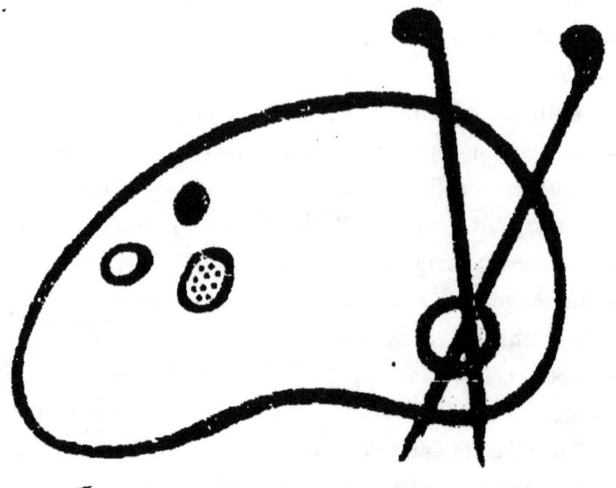

www.ingramcontent.com/pod-product-compliance
Lightning Source LLC
LaVergne TN
LVHW010539100826
845148LV00001B/239

* 9 7 8 2 0 1 2 1 7 5 6 7 9 *